ナチュラルなのに
肌がキレイに見える

Georgeの

透けツヤ肌
メイク

ヘアメイクアップアーティスト
George

インプレス

〝透けツヤ肌〟とは

みずみずしいうるおいに満ち溢れ

自然なツヤと透明感をたたえた肌のこと。

アイシャドウやリップ、チークなど

カラーアイテムの美しさも際立ちます。

ベースが整っていなければ

どんなカラーをのせても

魅力的には見えません。

逆に言えば、ベースさえ完璧ならば

カラーメイクを引き算したとしても

〝キレイな人〟になれるのです。

スキンケアでしっかり
肌の土台を整えることで
ベースメイクに自然なツヤや
透明感が生まれます。
イキイキとした生命力に溢れた
透けツヤ肌を手に入れるには
スキンケアとベースメイク
どちらも重要で
欠かせないものなのです。

3

スキンケアを丁寧にすることは
今の肌だけでなく
10年後の肌をも変えるアクション。
正しいお手入れ方法をしっかり学んで
ツヤ、ハリに満ちた肌で
10年後を迎えましょう。
肌は手をかければ、かけた分だけ
応えてくれるものだから。

ニキビができたり、くすんだり…
憂鬱な気持ちになる
肌トラブルですが
実はチャンスでもある。

何をしたら肌が荒れるのか？
という原因の究明や
治す方法やカバーテクを研究して
自分の肌のトリセツを
つくることができるから。
それって無敵ですよね。
知ることで怖いものがなくなっていく。

肌調子を上げて透けツヤ肌をつくれれば
自然と心も前向きになれるはずです。

みなさん、こんにちは！
ヘアメイクのGeorgeです。

なぜこの本のテーマを「透けツヤ肌」にしたのか？
それは私が長年ヘアメイクの仕事をする中で、
最も大事なのは、肌づくりだと感じているから。
透明感とツヤ、そしてうるおいの3つがあれば
年齢に関係なく、肌はいくらでも魅力的になれるのです。

透明感とツヤ、うるおいは、メイクだけで出すのは難しい。
スキンケアで肌の土台を丁寧に整えるからこそ、生まれるものです。
だから本書では、メイクだけでなくスキンケアのHOW TOまでも
徹底的に細かく、みなさんにお伝えしたいと考えました。
ひとつひとつ実践していただければ必ず、
思わず笑顔になれるような、魅力的な「透けツヤ肌」が手に入ります。

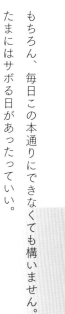

もちろん、毎日この本通りにできなくても構いません。
たまにはサボる日があったっていい。
だけど、
スキンケアを丁寧に心がけることで肌が変わる喜びを、
メイクで雰囲気がガラリと変わる驚きを、
知ることは本当に素敵なことだから。

スキンケアは10年後の肌を変えてくれるし、
メイクはポジティブな気持ちにさせてくれるもの。

この本でみなさんの毎日が楽しくなることの
お手伝いができたら……
これ以上の喜びはありません。

習慣づけたい5つのこと

たい5つのことをピックアップ。ぜひ取り入れてみてください。

コスメツールを活用してメイクの仕上がりを簡単キレイに

メイクをキレイに仕上げるためにツールは欠かせません！　色ムラが整い、くずれにくくなったり、細かい部分もキレイに描けるので、メイクが苦手な人でもツールを活用すれば簡単に"メイク上手"になれるんです。

Georgeの愛用コスメツール ▼

スクリューブラシ
眉毛はブラシでとかして毛流れを整えておくと描きやすい。ふわっと仕上げたいときにも◎。

コンシーラーブラシ
先がとがった形で、ピンポイントに薄くコンシーラーをのせられるタイプが使いやすい。

アイシャドウブラシ（大）（&部分用パウダーブラシ）
フェイスパウダーを部分的にのせたいときにも使います。小鼻など細かい部分にのせる際も便利。

フェイスブラシ
フェイスブラシは、毛が柔らかく、平筆タイプがおすすめ。パウダーがキレイにのせやすいです。

水で膨らむスポンジ
くずれにくく、程よくツヤのある肌に仕上げたいときに◎。乾いた状態よりファンデの密着度がアップ。

メイクスポンジ
スポンジは肌に密着させるだけじゃなく、余分な油分などを取り除いてくれるので絶対使ってほしい！　使い捨てだと衛生的です。

マスカラコーム
マスカラを塗った後にコームでとかすとダマにならず、繊細なまつ毛に。目の細かいタイプが◎。

アイブロウブラシ
ブラシを使うと簡単に自然な眉が描けるので、描くのが苦手な人こそ使ってほしい。このブラシは太くも細くも描けて万能です！

アイシャドウブラシ（小）
つくしのような形で、狭くも広くも色を入れやすい。このタイプは主に下まぶたに使います。

チーク&ハイライトブラシ
チークやハイライトをふんわりのせられます。平筆が縦横どちらにも動かしやすくおすすめ。

スキンケア＆メイクの前に

スキンケアやメイクの解説に入る前に、知っておきたい・習慣づけ

POINT 2

メイクの前に目薬をさして
目元の透明感アップ

白目がクリアな方が、アイメイクもキレイに見えます。目もよりパッチリするので、メイクの前に目薬をさす習慣を。目指すは赤ちゃんの白目！

「充血を抑えてクリアな白目に」スマイルホワイティエ／私物

POINT 3

メイクやスキンケアをするときは
心と表情を穏やかに

気分は顔に出てしまいがちなものですが、怒って眉間に力が入ったり、落ち込んで眉が下がったままメイクをしてしまうと、仕上がりもその顔のままになってしまいます。メイクやスキンケアをするときは力を抜いて、穏やかな気持ちで行いましょう。

POINT 4

コスメの使用方法は
必ずチェックしておく

「振ってから使う」といった使用方法や、ケアのどのタイミングで投入するかなどを、説明書や商品サイトで知っておくのも大事です。

POINT 5

メイクチェックは
明るい場所＆鏡を50cm離して

暗がりでメイクをするとムラになりやすいし、濃さの加減がわかりにくいので、自然光の入る場所や洗面所など明るい場所で。メイクが仕上がったら明るい場所で、鏡を50cm程度離して顔全体をチェックしましょう。

（写真左から）
Revoirのスクリューブラシ、アディクションのアイブロウブラシ、アンシブラシのコンシーラーブラシ ebony 15、NARSのアイシャドウブラシ23、アンシブラシのアイシャドウブラシ#1001L、シュウウエムラのフェイスブラシ17、アンシブラシのフェイスブラシ Eve 311、石原商店のメイクアップパフ、ロージーローザのスポンジ、チャスティのマスカラコーム／すべて私物

Contents

Part

1

SKIN CARE

肌力と
透明感を高める
スキンケア

Part1では各スキンケアの正しい方法や
コスメ選びなど、ケアの効果を高めるために
覚えておきたい基本を紹介します。
素肌そのものに透明感とツヤが
溢れるように、毎日のケアの見直しを。

SKIN CARE

大切なのは"土台"
メイクが美しく映える肌は
スキンケアで丁寧につくる

水分不足でカサカサしていたり、ゴワついている状態では、
メイクはキレイにのらないし、透明感だって生まれない。
夜はメイクや汚れをしっかり落とし、その後水分をしっかり入れて、
メイクだけではつくれない輝きを肌に宿しましょう。
肌って実はすごくわかりやすくて、
いい加減なケアをしているとそこそこの状態にしかならないけど、
労わりながら、丁寧にケアしてあげると、
肌触りも明るさも驚くほど変わっていきます。
今と未来の肌のために、今一度肌と向き合ってみて。

Point 1

スキンケアは料理と同じ。
正しい手順を踏むことで
効果がさらに高まります

料理を美味しくつくるには、食材を吟味し、
正しい手順でつくることが大切ですよね。
実はスキンケアも同じ！ きちんと汚れやメイクを落とした後、
水分や栄養をしっかり入れ込み、それらが逃げないように油分でフタを。
何を使うかだけでなく、この手順を守ることもとっても大事。
また、朝と夜のスキンケアの流れは大体一緒ですが、
朝のクリームにはメイクの邪魔をしない軽いものを選んだり、
夜の美容液には日中のダメージ補修ができるものを選ぶなど、
最適なアイテムを選ぶとさらに効果が高まりますよ。

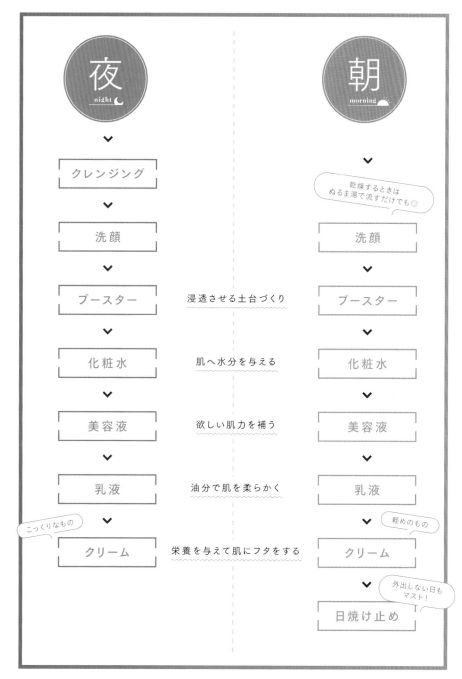

夜 night 🌙

- クレンジング
- 洗顔
- ブースター — 浸透させる土台づくり
- 化粧水 — 肌へ水分を与える
- 美容液 — 欲しい肌力を補う
- 乳液 — 油分で肌を柔らかく
- クリーム — 栄養を与えて肌にフタをする（こっくりなもの）

朝 morning

- 洗顔（乾燥するときはぬるま湯で流すだけでも◎）
- ブースター
- 化粧水
- 美容液
- 乳液
- クリーム（軽めのもの）
- 日焼け止め（外出しない日もマスト！）

生理周期で変わっていく
肌の調子に合わせた
スキンケアレシピを考える

女性の肌はホルモンバランスの影響を受けやすく、1ヶ月の中でも変化します。
同じコスメを使っているのに、タイミング次第で
すごく効果が出たり、ピリピリと刺激を感じてしまったり。
だから、肌を常に高め安定に保つためには、
肌が揺らぐ生理前や生理中の敏感期、肌の調子が上がる好調期、
揺らぎやすい敏感期に備える安定期と、その周期に合わせたコスメを用意して、
それらを最適なタイミングで使うケアをすることが大切なのです。

＼ 守りケア ／	＼ 攻めケア ／	＼ 基本ケア ／
なるべく優しく労わる **敏 感** 期	新コスメにも挑戦しやすい **好調** 期	敏感期に向けて整える **安定** 期
生理5日前(24日目)〜4日目	生理5日目〜15日目	生理16日目〜23日目

生理周期　　※28日周期の場合

| 1 | 2 | 3 | 4 | 5 | 6 | 7 | 8 | 9 | 10 | 11 | 12 | 13 | 14 | 15 | 16 | 17 | 18 | 19 | 20 | 21 | 22 | 23 | 24 | 25 | 26 | 27 | 28 |

\ 守りケア /

なるべく優しく労わる
敏感 期

生理5日前(24日目)〜4日目

揺らぎやすい生理期 は肌に優しく

生理の5〜6日前は、刺激を感じやすくなったりニキビが
できやすくなるお肌の敏感期。お手入れを低刺激なアイ
テムにスイッチして乗り越えましょう。

(敏感期におすすめのスキンケアコスメ)

ブースター	B or A	「ゴワつく肌がなめらかに整う、肌に優しいものを。Aは塗るだけで角質ケアが叶う、Bはキメが整う」A タカミ スキンピール 30ml ¥5280／タカミ　B ファミュ ローズ ソフトナー 50ml ¥3960／アリエルトレーディング
化粧水	C	「しっかりうるおい、肌が安定します」C トレリアン 薬用モイスチャーローション [医薬部外品] 200ml ¥4400／ラ ロッシュ ポゼ
美容液	E or D	「敏感期は栄養を与えつつ、肌を守ることも意識してオーガニックの美容液がおすすめ」D ローズ リビング セラム 30ml ¥8580／アムリターラ　E シカゴー シカダブルエフェクトアンプル 30ml ¥4290／ISOI JAPAN
乳液	F	「優しく肌に薄膜を張るような使用感。保湿力が高く、肌がうるおいで守られている実感が」F プレミアム インテンシブ エッセンス ローション ¥2600／ドクターエルシア
クリーム	デイ H　ナイト G	「炎症を抑える鎮静成分入りクリーム。朝晩共に肌を整えて」G アズレン 147HA-インテンシブ スージング クリーム ¥2700／ドクターエルシア　H ラゴム センシティブ シカクリーム 60ml ¥3740／アリエルトレーディング

George's Point

何をしてもしみてしまうときは皮膚科で相談して
肌により優しいものを処方してもらいましょう。

\ 攻めケア /

新コスメにも挑戦しやすい
好調 期

生理5日目〜15日目

新しいコスメや攻めのコスメ に挑戦!

初めて使うコスメはこの時期に。高濃度ビタミンを配合したものや炭酸系など、刺激はちょっぴり強めだけど、その分、高い効果を狙える攻めのコスメも使いどき。

(好調期におすすめのスキンケアコスメ)

ブースター	**B** or **A**	「Aは揺らぎに強いので好調期の始めと終わりの期が変わるときに使うと◎。Bは栄養素たっぷりで保湿もハリも叶う!」**A** Wトリートメントオイル 50ml ¥4400／RMK Division　**B** CFセラムアドバンス 30ml ¥13200／レカルカ
化粧水	**D** or **C**	「好調期に十分保湿をすると、だんだん毛穴が目立たなくなる」**C**アクセーヌ モイストバランス ローション 360ml ¥6050／アクセーヌ　**D**クラウドモイスチャーフェイシャルトナー 500ml ¥9790／SERENDI BEAUTY JAPAN
	トーンアップ **G** or ハリ(ナイト) **F** or リフトアップ **E**	
乳液	**I** or **H**	「美容成分をたっぷり配合した乳液なら、みずみずしく、ふっくらやわらかい肌を作れます」**H** ME 4 [医薬部外品] 175ml ¥7150／イプサ　**I** N organic モイスチュア＆バランシング セラム 60ml ¥6380／シロク
クリーム	デイ **K** ナイト **J**	「好調期はビタミン配合のクリームを投入。ハリとキメ感アップを狙って!」**J**ラ・ブルーム バイタル リペア クリーム 50g ¥13200／SERENDI BEAUTY JAPAN　**K**アベイユ ロイヤル クリーム 50ml ¥19470／ゲラン

George's Point

もっとスキンケアをがんばりたい好調期や、ケアに時間をかけられるときは
P42〜のスペシャルケアも取り入れてみてください!

\ 基本ケア /

敏感期に向けて整える
安定 期

生理16日目〜23日目

肌に合うコスメで整えて 敏感期に備える

肌の調子が良くても、まもなく始まる敏感期に向けた備え
をスタート！ 自分の肌に合うスタメンコスメで肌の調子を
安定させて、敏感期の肌の揺らぎを最小限に抑えましょう。

(安定期におすすめのスキンケアコスメ)

ブースター	「敏感期に向かって化粧水の入りが悪くなってくるので、浸透率を高めてくれるものが◎」L ジェニフィック アドバンスト N 30ml ¥11000／ランコム M ル・セラム [医薬部外品] 50ml ¥27500／クレ・ド・ポー ボーテ
化粧水	「くすみのないクリアな肌に導く化粧水をチョイス」N クラリフィック デュアル エッセンス ローション 150ml ¥12100／ランコム O ハイドレイティング ウォーターエッセンス ＋ 150ml ¥6930／ジュリーク

美容液は 好調期 安定期 共通でOK！

美容液	「肌が安定しているうちに攻めの美容液で集中ケア！ 悩みをしっかり解決させよう」E セラムリッサーリッズ S [医薬部外品] 20g ¥33000 ／クレ・ド・ポー ボーテ F アドバンス ナイト リペア SMR コンプレックス 50ml ¥14850／エスティ ローダー G リプラスティ レザリスト セラム 30ml ¥34100／ヘレナ ルビンスタイン

乳液	「うるおう乳液で"追い保湿"を。クリームを塗る前にはこれでインナードライを解決！」P リッチミルク 120ml ¥9900／セルヴォーク

デイ　ナイト

クリーム	「朝はしっとり、夜はこっくりめのもので水分を閉じ込めて」Q クリーム アルティメイト [医薬部外品] 30g ¥22000／イプサ R カネボウ クリーム イン デイ SPF20・PA+++ 40g ¥8800／カネボウインターナショナルDiv.

George's Point

時間がないとき、がんばれないときは下記のやり方で処処すればOK！（ただし朝か夜にサボったら片方は頑張りましょう）

朝 シートマスクと乳液（日焼け止めは保湿効果があるものを）

夜 美容オイルorオールインワンクリーム

クレンジング

Make-up Remover

「クレンジング」の透けツヤ肌の方程式

山盛りクレンジング × くるくる塗り

摩擦はNO! たっぷりの クレンジングで優しくオフ

「メイクをしたまま寝ると3年老ける」なんて説もあるくらい、クレンジングは大事。しっかり落とさないと、黒ずみや肌荒れの原因になることも。ただ、やみくもに落とそうとしてゴシゴシこするとその摩擦が炎症や色素沈着を引き起こしたりもするので、指が肌に直接触れないくらいたっぷりのせて、刺激レスに落とすことを心がけて。

デイリーメイクにおすすめのクレンジング

USE IT

クレンジングの種類はメイクの濃さで選びましょう。
デイリーメイクなら、肌への負担が少ないミルクやバームがおすすめ。

USE IT

ミルク	バーム
揺らいでいる日に最適	**しっかりメイクに◎**
マイルドな洗浄力で肌を労りながらメイクを落とせるし、保湿力も優秀。しっとり感もピカイチで、つっぱらない。	体温でとろけてオイル状に変化するバームは洗浄力が高く、かつ肌に優しいところが魅力。W洗顔不要なアイテムも豊富。

トリートメント クレンジング ミルク 200g ¥3300／カバーマーク

ローズクレンジングバーム 80g ¥4400／ROSE LABO

クレンジングの
HOW TO

George's Point

シーソーみたいに
目頭→目尻に動かす

ポイントメイクアップ
リムーバーの
適量は?

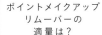

目と同じ大きさが目安
とにかくたっぷり!

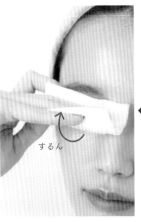

するん

ぴこ
ぴこ

3
優し〜く上から下に
コットンをすべらせる

お次は眉下から上まぶたの
キワまで、コットンをする
んとすべらせる。まつげの
根元、毛先の順にマスカラ
を残さず、ふき取るように。

2
まぶたの丸みに沿って
コットンをピコピコと動かす

ゴシゴシと落とすのはNG。
まぶたにコットンを優しく
押し当てながら、丸みに沿
ってシーソーみたいに目頭
→目尻に数回動かす。

1
メイクとクレンジングが
なじむまで約5秒間待つ

まずはポイントメイクをオ
フ。コットンにポイントメ
イクアップリムーバーをた
っぷりしみ込ませたら目元
に当てて、約5秒間キープ。

USE IT

「刺激が少ないリムーバーと
大きめコットンで、素早く
メイクを浮かせて落とす」
A 大きめコットン72枚入り
¥308／ロージーローザ
B イニスフリーのメイクア
ップリムーバー／私物

B   A

6	5	4
リップメイクも しっかり落とす	**コットンを換えて 眉のメイクをオフ**	**キワなどの細かい部分は コットンの角を使って**
色素沈着防止のためにもリップメイクはしっかりとオフ。コットンは約5秒間当てて浮かせてから、口角→中心に向かって動かす。	眉メイクもコットンを約5秒間優しく押し当ててからオフ。メイクや汚れが他へと広がらないように、コットンは真横にすべらせて。	上下の目のキワや目尻、目頭などの細かい部分はメイクが残りがち。コットンを四つ折りにして、その角を使って優しくふき取る。

Part 1

Part 2

Part 3

Part 4

Part 5

Part 6

Part 7

クレンジングの分量は"山盛り"で!

バーム

ミルク

どちらも適量の1.5倍が目安

George's Point

肌ではなくクレンジング剤
だけを動かすイメージで!

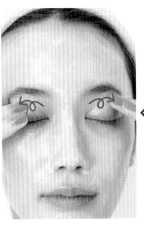

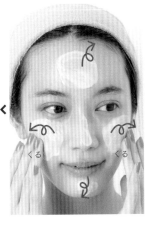

くる   くる

9

**全体がなじんだら
仕上げは目まわり**

肌全体にクレンジング剤が
なじませ終わったら、目ま
わりにもくるくると円を描
きながらなじませる。その
後、よく洗い流して。

▶ P28「すすぎ」へ進む

8

**小鼻のまわりは
下→上へくるくる**

メイクや汚れが溜まりやす
い小鼻のまわりは、下から
上に向かって円を描くよう
になじませる。力が入りす
ぎないように薬指がベスト。

7

**クレンジングを
優しくなじませる**

両頬、鼻、額、あごの5点
にクレンジングをのせたら、
くるくると円を描くように
広げつつ、メイクとクレン
ジングをなじませる。

USE IT
⌄

STEP

2

洗 顔

Face wash

「洗顔」の透けツヤ肌の方程式

| ふわもこ泡 | × | 置きのせ |

洗顔料はたっぷり使う!
指ではなく泡を動かす感覚で

つるんとすべらかな肌ならば、ベースメイクのノリが高まり、仕上がりの透明感もアップ。だからこそ、洗顔で毛穴の奥までしっかり汚れを落としたいもの。ただゴシゴシ洗いは肌を傷め、摩擦で色素沈着も起こしかねません。洗顔料はしっかり泡立てて、肌の上で指ではなくふわもこ泡を動かす感覚で、ジェントルに洗い上げましょう。

USE IT

「泡の洗顔料が手軽でおすすめ。うるおいを与えるタイプで洗い上がりも優しく」**A** パーフェクショネール クレンジングフォーム 150ml ¥4708／エール **B** アミノ酸 ジェントル バブル クレンザー 140ml ¥1700／ドクターエルシア

\ 1回の分量 /

テニスボール大の山盛り

26

洗顔の
HOW TO

George's Point

指が肌に直接触れないように、泡はたっぷり

厚みはこれくらい

1

顔全体に泡を
たっぷりのせる

頬、鼻のまわり、あご、額にそれぞれたっぷりの泡をのせたら、顔全体にまんべんなく広げていく。

George's Point

指を優しく動かして汚れを浮かせていく

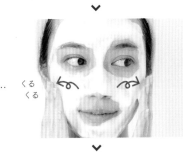

くるくる

2

泡を顔全体に広げたら
外→内方向にくるくる

洗う際は、指の腹を優しくくるくると動かしながら。指が肌に触れると刺激になるので、指ではなく泡でマッサージするような感覚で。

3

皮脂分泌の盛んな
おでこもしっかり

額は中心から外側に向かって指先をくるくると動かしながら洗う。泡がヘタってきたら、泡をさらに追加して刺激レスを徹底しよう。最後に目元にも優しく泡をのせる。

C アルジタル グリーンクレイペースト 250ml ¥3960／石澤研究所
D デュオ ザ 薬用 バイタルバリアウォッシュ［医薬部外品］110g ¥3300／プレミアアンチエイジング
E トワニー ビューティリフレッシャー 100g ¥2750／カネボウ化粧品

ジェル
保湿しながらしっかり
汚れを落としたい日に

E

ミルク
低刺激で保湿力高め
揺らいだ日にも最適！

D

クレイ
毛穴詰まりやザラつき
をオフしてなめらかに

C

肌調子に合わせて洗顔を使い分け

▶ 肌力と透明感を高めるスキンケア

Part 1 / Part 2 / Part 3 / Part 4 / Part 5 / Part 6 / Part 7

クレンジング&洗顔のすすぎ方

Rinse

「すすぎ方」の透けツヤ肌の方程式

| ぬるま湯 | × | パシャン・パシャン流し |

たっぷりのぬるま湯で刺激を与えずに洗い流す

熱いお湯を使う、シャワーを直で顔に当てる。クレンジング剤や洗顔料を洗い流す際にやってはいけないのはこの2つ。手のひらにお湯を溜めて、お湯が"パシャン・パシャン"と肌に柔らかく当たるように洗い流しましょう。数回流してみて、鏡を見るだけでなく肌を触ってチェック。ぬるつきを感じなくなったらすすぎ完了のサイン。

すすぎでやってはいけないNGポイント

1. 熱すぎる湯は使わない
   （38度以下のぬるま湯を使う）
2. シャワーを直に当てない
3. すすぎ残しがないように
4. 手やタオルで肌をこすらない

すすぎ方の

HOW TO

George's Point

お湯を当てた後になでるように流す

1

手のひらに溜めたお湯を肌に柔らかく当てる

"バシャバシャ"だと強すぎ。"パシャン・パシャン"と柔らかな音が目安。泡にお湯が柔らかく当たるように、繰り返し洗い流す。

2

フェイスラインや髪の生え際はより丁寧に！

ざっと全体をすすぎ終わったら、洗い残しやすいフェイスラインや髪の生え際をしっかり。ニキビや肌荒れの原因になるので丁寧に。

3

仕上げは目のまわりなど細かい部分をしっかり

目のまわり、小鼻のまわり、口角など、細かい部分も洗い残しやすいので、最後に重点的に洗い流す。

USE IT

ターマルウォーター
300g ¥3630 ／ラ
ロッシュ ポゼ

キッチンペーパーでもOK

4

水滴を拭き取ったらミストで即保湿

柔らかなタオルで優しく肌をプッシュする"押し拭き"をしたら、ミストを顔全体にたっぷり。このミストでスキンケアの浸透を促進！

※クレンジング時はミストをせずに洗顔へ

SKIN CARE

STEP
3

ブースター

Booster serum

「ブースター」の透けツヤ肌の方程式

導入美容液	×	30秒間浸透

洗顔後に投入して肌の 保水スイッチをオン！

ブースターを使うと、その後に続くスキンケアアイテムの入りが格段に良くなります。特に化粧水のノリが悪いときは効果てきめん！アレコレがんばるより、ブースターをケアに組み込む方がより肌の保水力が高まり、キメも整います。使う際にはパパッと塗らずにじっくり30秒（乾燥が気になる日は1分）くらいかけて浸透させましょう。

USE IT
⌄

コスメの詳細は
P21

\ 1回の分量 /

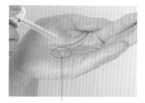

100円玉の大きさ程度

ブースターの塗り方
HOW TO

George's Point

じっくり浸透させつつ
リラックスしよう

1

適量より
やや多めの量を
顔全体にオン

ブースターを手のひらにな
じませたら、顔全体を包み
込むようにしてオン。手の
ひらの熱が肌に伝わるよう
に、じっくり30秒キープ。

2

首筋にも手のひらで
しっかり入れ込む

首も乾燥しやすいので顔よ
り少し少ない量を手のひら
に出し、首筋に。顔と同様
手のひらで優しく包むよう
にして、しっかり入れ込もう。

STEP
4

化 粧 水

Lotion

「化粧水」の透けツヤ肌の方程式

シャバシャバ化粧水	×	3回塗り

" 徹 底 的 な 水 分 補 給 で
メ イ ク の も ち も ア ッ プ "

肌が十分にうるおっていないと、どんなに優れた美容液やクリーム
をのせても効果を発揮できないし、メイクもくずれやすくなってし
まいます。だからこそ、化粧水で徹底的な水分補給が大事。水分を肌
の奥へと届けるように手のひらで優しく浸透させましょう。これを
最低でも3回。もちっと吸いつくような肌になるまで行なって。

USE IT

コスメの詳細はP21

\ 1回の分量 /

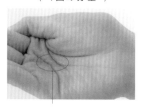

500円玉の大きさくらい

化粧水の塗り方

HOW TO

George's Point

手のひらの温度でさらに浸透を深めて

ぎゅー

1

手のひら全体で肌を包むようにして浸透させる

化粧水を手のひらにとり、全体になじませる。頬、あご、額など、パーツごとに手のひらを優しく密着させて、化粧水を入れ込んでいく。

2

目まわり、小鼻周辺も指先で丁寧に入れ込んで

まぶたや目尻、下まぶた、さらに小鼻のまわりなど、細かい部分にも化粧水を浸透させる。指の腹で、じっくり丁寧に押し込むように。

George's Point

指に肌が吸いついたら水分補給完了の合図！

3

1と2を3回繰り返してしっかり浸透！

1と2を3回繰り返してもまだ乾燥を感じる場合は、もう1回！　肌に水分が十分に入り込み、もっちりと柔らかくなるまで行なって。

SKIN CARE

STEP
5

美容液

Serum

「美容液」の透けツヤ肌の方程式

ハリケア美容液	×	くるくる塗り
トーンアップ美容液	×	首まですべらせ塗り
リフトアップ美容液	×	引き上げ塗り

美容液はお悩みに合わせて
種類と塗り方を選んで

毛穴が目立つときにはハリを与える美容液、くすみが気になるときにはトーンアップ美容液、たるみ対策ならリフトアップ美容液。こんな風にお悩み別の美容液は、最適な塗り方をすることで効果を最大限に引き出せます。また、美容液はテクノロジーの進化が目覚ましいアイテム。最新のものを使うのもおすすめです。

リフトアップ美容液

トーンアップ美容液

ハリケア美容液

‹ USE IT

コスメの詳細はP20〜21

美容液のタイプ別の塗り方

HOW TO

Part 1

Part 2

Part 3

Part 4

Part 5

Part 6

Part 7

George's Point

毛穴が目立つところは重点的に塗りましょう ·········

ハリケア

**しぼんだ毛穴を
ふっくら上向きに
してなめらかに**

毛穴が目立つ部分に、指の腹でくるくると優しく円を描きながらオン。毛穴の奥まで美容成分を届けて、ふっくら、なめらかに！

George's Point

シミ部分はスポッツ美容液を重ねても◎ ·········

トーンアップ

**顔だけ明るく
ならないように
首までしっかり！**

首のくすみは顔全体の透明感に影響するので、美容液は首までしっかり塗ること。手のひらをすべらせながら、まんべんなく。

George's Point

たるんだ部分をグイッと引き上げながらオン ·········

リフトアップ

**手のひらで
下から上へと
引き上げながら**

あご下からスタート。肌がリフトアップされるところをイメージしながら塗る。細かいシワの中にまで、美容液が入るようにたっぷり！

STEP
6

乳液
Emulsion

「乳液」の透けツヤ肌の方程式

うるうる系乳液 × あたため塗り

クリーム前の乳液仕込みで
ふんわり、柔らかな肌に

クリームを塗るなら、乳液は不要では？　と思うかもしれませんが、大人の肌にはどちらもマスト。クリーム前に乳液を仕込んでおくことで、肌が柔らかくなるのです。おまけに水分が逃げにくくなるし、乾燥やたるみで目立った毛穴をうるおいでふっくら、目立たなくさせる効果も。量は少量でOK。ベールをかけるように均一に広げて。

USE IT

コスメの詳細は
P20

\ 1回の分量 /

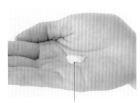

小豆粒くらい

乳液の塗り方
HOW TO

1

手のひらに なじませて 顔全体に広げる

手のひらに乳液をなじませたら、薄いベールをかけるように手のひらをすべらせながら顔全体へと広げる。

George's Point

乾燥するとくすむデコルテまでしっかり！

2

手のひらの熱で じっくりと肌の 奥へと浸透させる

手のひらで優しくプッシュ！ 顔全体に行い、乳液を手のひらの熱で肌の奥へと浸透させる。乾燥しやすい首まで、しっかりと。

STEP
7

クリーム

Cream

「クリーム」の透けツヤ肌の方程式

デイorナイトクリーム	×	すべらせ塗り

朝と夜とで使い分けて 肌を守って栄養補給！

日中はもちろん、寝ている間も肌は乾燥にさらされています。その乾燥から肌を守り、さらに栄養もたっぷりと与えてくれるのがクリーム。お手入れには欠かせない大事なステップです。夜はうるおいを逃さず、さらに栄養たっぷりな重めタイプを。朝はメイクの邪魔をしない軽やかなタイプと、クリームは、夜と朝で使い分けるのがおすすめです。

デイ／ナイトの使い分け方

USE IT

コスメの詳細は
P21

デイ
伸びがよく軽いタイプ
朝はメイクの邪魔をしない軽いタイプを。みずみずしくなじみやすいテクスチャーが最適。

ナイト
高保湿な重めタイプ
肌の水分を逃さない、硬めのテクスチャーが◎。乾燥がひどいときは日中もこちらを使用。

USE IT

コスメの詳細は
P21

クリームの塗り方
— HOW TO —

\ 1回の分量 /

デイ

ナイト

デイの1.5倍！

George's Point

塗り方は朝も夜も
同じでOK

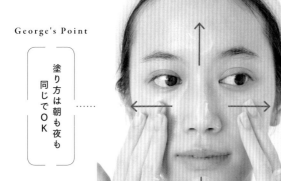

※夜のスキンケアはここまで！

1

**両頬、鼻、額
あごの5点に置き
全体に広げる**

1回分を手のひらにとり、両頬、鼻、額、あごに置いてから、指の腹をすべらせて全体に。仕上げに、ハンドプッシュでじっくり浸透させる。

USE IT

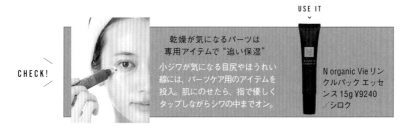

CHECK!

**乾燥が気になるパーツは
専用アイテムで"追い保湿"**

小ジワが気になる目尻やほうれい線には、パーツケア用のアイテムを投入。肌にのせたら、指で優しくタップしながらシワの中までオン。

N organic Vie リンクルパック エッセンス 15g ¥9240
／シロク

STEP
8

朝のスキンケア
のみ！

日焼け止め

Sunscreen

「日焼け止め」の透けツヤ肌の方程式

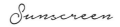

顔用UV × なじませ塗り

> なめらかな顔用UVで
> 今と未来の肌を守って

紫外線から肌をいかに防御するかで、肌の未来は決まります。シミ、シワ、乾燥を避けるためにも朝のスキンケアの仕上げに日焼け止めを必ず塗りましょう。使うのは必ず顔用で。スキンケア効果も高くキメが整うし、自然なトーンアップも狙えてメイクでつくる透明感をアシストしてくれます。もちろんメイクをしない日にも365日必ず！

「柔らかく伸びやすい質感のものならさらに負担レス」**A** ルナソル グロウイングデイクリームUV SPF40・PA+++ 40g ¥4950／カネボウ化粧品　**B** UVイデア XL プロテクショントーンアップ SPF50+・PA++++ 30ml ¥3740／ラロッシュ ポゼ

USE IT

\ 日焼け止めを置く位置 /

顔全体にムラなく置ける分量を
5点置き

日焼け止めの塗り方
HOW TO

1

両頬、鼻、額、あごの5点に置いて広げる

1回分を両頬、鼻、額、あごの5点になじませて置き、顔の内側から外側に向かって伸び広げる。薄〜く均一な膜で肌を覆うように。

2

手のひらで温めてじっくりなじませる

手のひらで顔全体を覆って温めながら、肌になじませていく。スキンケアのクリームなどと同じく、肌に浸透させるイメージで。

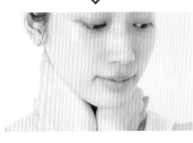

3

首や耳まわりにも忘れずにオン

手のひらに残った分を、くすむと顔の透明感を阻害する首や耳まわりにも。首は前面だけでなく、後ろ側まで忘れずに塗り広げて。

finish

透けツヤ肌スキンケア完了!

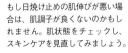

もし日焼け止めの肌伸びが悪い場合は、肌調子が良くないのかもしれません。肌状態をチェックし、スキンケアを見直してみましょう。

SPECIAL SKIN CARE

おこもり美容にもおすすめ

しっかり攻めたいときのプラスケア

時間がある日に取り入れたい。肌を底上げするスペシャルなケアたちをご紹介。

A「炭酸系だけど低刺激。首元や頭皮の毛穴ケアにも使っています」ソーダスパフォームプレミアム10,000 130g ¥3850／東洋炭酸研究所 B「毛穴の引き締めやリフトアップをしたいときに」エニシーグローパック／私物 C「毛穴がキュッと小さくなる実感がすごい! パーンとしたハリも出ます」SERENDI BEAUTYの炭酸マスク／私物

\ 毛穴すっきり! /

+care
炭酸アイテム

近頃人気の炭酸アイテムは、たるみや毛穴のお悩み解消に最適。トーンアップも叶うので、定期的に取り入れて

\ ゴワつきオフ /

+care
スクラブ＆ピーリング

毎日きちんとケアしていても、どうしても角質などは溜まるもの。定期的な肌の大掃除でつるんとメイクノリのいい肌に

A「優しい使用感で皮膚の薄い首のザラつき対策にも使えます」ベージックのコーヒースクラブ／私物 B「角質を柔らかくほぐして毛穴汚れをオフ」ザ・プロダクト フェイシャルクレンザー 25g ¥1760／KOKOBUY C「余分な角質や汚れがボロボロ取れてツルツルに!」セルリニュー バイオマイクロピール ソフトジェル 160ml ¥2390／ザセム

E

普段のスキンケアに
プラスして
肌調子を上げよう

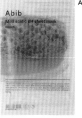

A「乾燥して敏感に傾いた肌に。うるおいのツヤをオン」アビブのハニーシートマスク、B「使用後のもっちり感はピカイチ」ブリスキンのローズシートマスク、C「1回でも明るさを実感」JMソリューションのホワイトニングケアシートマスク、D「乳酸菌入り。肌のバリア機能も上がります」魔女工場の乳酸菌シートマスク／すべて私物

3

\ ハリもツヤも！ /

+care

韓国シートマスク

韓国のシートマスクは、ツヤと弾力アップが、即叶うところが魅力。液の量もたっぷりで1回で、肌がうるうるに！

4

\ 確かな効果が自慢 /

+care

ビューティギア

リフトアップやトーンアップ、肌がツルツルになるなど、即効性が高いビューティギアは撮影前にも活躍する頼れる相棒

A「古い角質や落としきれない汚れの大掃除に」ミーゼ ダブルピーリング プレミアム ¥21978／ヤーマン　B「EMSとイオン導入が1台で」DREX AZAT MASK ¥41800／レカルカ　C「導入やリフトアップに。モデルさんにもメイク前に使用」セルキュア4Tプラス／私物　D「頭皮に使うと目がぱっちり。全身に使える」デンキバリブラシ／私物

FACIAL MASSAGE

メイク前に透明感を引き上げる

血行促進フェイスマッサージ

顔色が冴えないとメイクをしても透明感が引き出せません。
血行を良くしてむくみもオフできるメイク前圧マッサージで、さらに澄んだ肌に!

手の形

3	2	1
目頭下から目尻横まで 薬指で刺激する	机に肘をつき頬骨の下を 親指でグッと押していく	あご下から耳の後ろまで ギュッと親指で押していく

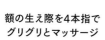

6	5	4
額の生え際を4本指で グリグリとマッサージ	眉上から眉尻まで 薬指で刺激する	眉頭の骨の下を親指で ぎゅ〜っと刺激

blocking

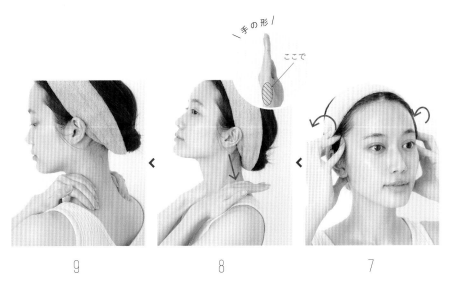

血行促進フェイスマッサージ

Part 1
Part 2
Part 3
Part 4
Part 5
Part 6
Part 7

George's Point

マッサージをするときは、手にクリームをたっぷりなじませてから始めましょう。乾かないクリームやマッサージオイルを使うと肌を摩擦しないので◎。

\ 手の形 /

ここで

9
首の後ろ部分を
指先でグリグリ押す

8
耳下から首の付け根
までゆっくりと流す

7
耳まわりの皮膚を
指でゆっくりと外回し

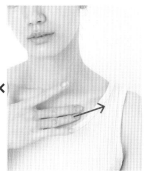

12
耳をつまんで回し
軽く引っぱり終了

11
鎖骨の下を内→外に流し
後ろに肩を回す

10
脇の下の少し上を
4本指でプッシュ

George's

Column ①

マインドからも
肌は変われます

たとえ今、肌の調子が悪くても落ち込まないで。
肌ってストレスにすごく敏感で、
落ち込むことでさらに荒れてしまうという
良くないスパイラルに陥ってしまうこともあるから。
「こんな日もあるよね」と前向きに考えながら
お手入れした方が、肌は必ずキレイになれます。
顔のパーツの形は簡単に変えられないけど、
丁寧なケア次第で、肌ならいくらでも変えられる。
褒められ肌を育てることで、
自信も持てるし表情もイキイキ。
ハッピーな魅力と美肌を手に入れられます。

肌にも自分にも
やさしくありたい！

2

BASE MAKE-UP

透明感と
ツヤを肌に生む
ベースメイク

つい隠しすぎたり、ムラができたり
意外と難しいベースメイク。
ここからはそのポイントを
順を追って解説していきます。
透明感の8割を担うベースメイクを
マスターして、いつでも透けツヤ肌に！

BASE MAKE-UP

薄膜なのにキレイに仕上がる！
下地を駆使して
理想の透けツヤ肌を
手に入れて

ベースメイクの主役は、実はファンデではなく下地。
最近の下地って本当に優秀で、くすみ、色ムラ、シミ、
ニキビなどの肌トラブルや肌の凸凹……etc. ほとんどの
肌悩みを解消してくれます。もちろん、透明感を
引き出すチカラも優秀。下地を使いこなせたら、
ベースメイクは80%成功！ そこにコンシーラーや
ファンデ、仕込みのチークやお粉などを加えることで、
理想の肌が作れます。全ての工程で心がけたいのは
薄膜で重ねること。軽やかで自然な仕上がりに！

STEP 1

下地

Make-up base

「下地」の透けツヤ肌の方程式

| ブルー＆ピンク下地 | × | 重ね塗り |

2種類の下地を重ねて ハッピーな透明感に！

ブルーの下地には、赤みや黄ぐすみといった肌のくすむ原因を消す効果があり、淡いピンクのツヤ下地には、顔色をヘルシーにトーンアップする効果があります。だからこそ、くすみをはらってトーンアップを叶えるために、下地はブルーとピンクのW使いが必須。この2つをごく薄く重ねることで、素肌っぽさを保ちつつ肌の底上げを！

\ 分量 /

ブルー
パール
1個分

ピンク
パール
1/2個分

USE IT

USE IT

D　C　ブルー

B　A　ピンク

透明感を上げるおすすめ下地

【ピンク】A ロージー グロウライザー　SPF20・PA ++ 30ml ¥3520／コスメデコルテ　B イルミネイティング セラムプライマー 03 SPF20・PA ++ 30ml ¥3520／ジルスチュアート　ビューティ　【ブルー】C ディオール スノー メイクアップ ベース UV35 SPF35・PA+++ 30ml ¥6600／パルファン・クリスチャン・ディオール D エクセル グロウルミナイザー UV GL03 SPF28・PA +++ ¥1870／常盤薬品工業

透けツヤ肌下地の塗り方

HOW TO

George's Point

目の下は放射線状に細かく広げる ·········

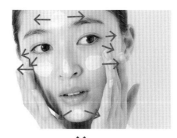

1

ブルー下地は5点置きして内側から外側へと広げる

両頬、額、鼻の頭、あご先にブルー下地を5点置き。スキンケアのように、指の腹ですべらせながら内側→外側方向に顔全体へ広げる。首元にも塗りましょう。

George's Point

指先で軽く叩きながら広げる ·········

トントン

2

ツヤが欲しい部分にだけピンク下地をスタンプ塗り

ピンク下地はピンポイントに。普段ハイライトをのせている部分（額、目の下、鼻筋、あご先）にスタンプを押すようにのせて、よくなじませて。

3

スポンジで軽く叩いて顔全体をなめらかに！

仕上げにスポンジで優しく叩き込む。最初に塗ったブルーの下地と後から重ねたピンクの下地がなじんで、透明感あるツヤ肌が完成！

(下地を塗る位置)

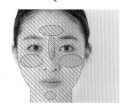

ブルー下地は顔全体と首ピンク下地はハイライトの位置

肌のくすみを消すためブルーは全顔に。ピンクはツヤが欲しい部分だけにのせて立体感を出して。

茶色ぐすみやクマ
シミなどが
気になるときだけ

STEP
2

コンシーラー
Concealer

「コンシーラー」の透けツヤ肌の方程式

| オレンジコンシーラー | × | 薄膜仕込み |

❝ 目の下のくすみを飛ばすオレンジを
ファンデ前に仕込んでトーンアップ ❞

クマや目の下のくすみが気になるときには、オレンジ系のコンシーラーの出番。さりげない血色感でクマをカバーしつつ目元に自然な明るさが生まれます。タイミングはファンデ前。つい完璧に隠したくなるけど、上からファンデやパウダー、アイカラーを重ねることでさらに目立たなくなるので、ここは我慢して"うっすら隠れる"くらいの薄膜に。青っぽいクマの場合は、黄みの強いタイプを選びましょう。

茶ぐすみを飛ばすおすすめコンシーラー

USE IT

A「オレンジトーンでクマを自然にカバー」米肌 つやしずく スキンケアコンシーラー 03 ¥3300／コーセープロビジョン
B「オレンジ系と青クマに使えるイエロー系がセットに」アンダーアイブライトナー ¥3300／ケサランパサラン

オレンジコンシーラーの塗り方

– HOW TO –

George's Point

> 力を入れずに優しくすべらせる

1

目の下→頬の高い位置まwith コンシーラーを薄くのせる

コンシーラーは厚塗り厳禁！ 厚ぼったくなるだけでなく、ヨレやすくなります。スティックを肌にすべらせるように薄〜くオン。

2

クマの上にのせたらスポンジで叩き込む

コンシーラーは"伸び広げる"のではなく、のせた場所に"叩き込む"。スポンジで優しく叩いて、肌へとしっかり密着させましょう。

（ コンシーラーを置く位置 ）

目の下から頬の中央へ向かって放射線状に

下まぶたのキワギリギリから塗ると厚化粧に見えるので、キワから約1cmほど空けるのがポイント！

CHECK!

> 茶色くすみ以外のカバーコンシーラーはファンデーションの後に塗りましょう。悩み別の使い分けはP104〜をチェック！

BASE MAKE-UP

STEP
3

ファンデーション

Foundation

「ファンデーション」の透けツヤ肌の方程式

| ツヤファンデ | × | 叩き込み |

顔の中で濃淡をつくると 自然な立体感が生まれる

透けツヤ肌を目指すなら、ファンデの厚塗りは厳禁！ 顔全体にしっかり塗ってしまうとのっぺりとし、せっかく仕込んだツヤが消滅し、くずれやすくもなります。特に今回は2色の下地でトーンアップや色ムラ補正をしているので、ファンデは薄く、のせるのは顔の中心のみでOK。塗った部分（顔の中心）とそうでない部分（フェイスラインなど）が自然なグラデーションとなり、さりげない立体感も生まれます。

透けツヤ肌がつくりやすいファンデーションのタイプ

バーム

保湿もできてしっとり肌に

保湿力が高いので、乾燥が気になる人におすすめ。密着力が高く、毛穴やシワのカバーにも◎。

クッション

もちっとしたツヤ肌になる

柔らかいテクスチャーでツルッとモチッとした肌に。テクニックレスでキレイに仕上がる。

54

(ファンデーションを塗る位置)

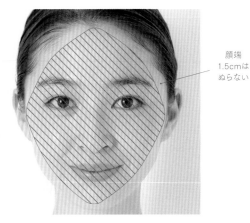

顔端
1.5cmは
ぬらない

フェイスライン&生え際から
1.5cm内側の顔の中心部分のみ

頬、額、唇まわりなど、ファンデを塗るのは
顔の中心だけ。フェイスラインは1.5cm外して。

/////////////////////// おすすめコスメ ///////////////////////

バーム

クッション USE IT

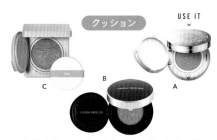

E タン クラリフィック マーブル コンパクト SPF50・PA+++ 全2色 ¥6150（レフィル）、¥1650（ケース）／ランコム **F** アルマーニ ビューティ パワー ファブリック コンパクト 全5色 ¥9570／ジョルジオ アルマーニ ビューティ **G** ダブル セラム バーム ファンデーション SPF50+・PA+++ 全2色 ¥3600／ドクターエルシア

A ピュアエッセンス フォーエバー クッションコンパクト SPF50+・PA ++++ 全5色 ¥3080（レフィル）、¥1320（ケース） ／ジルスチュアート ビューティ **B** フローレス ルミエール ラディアンス パーフェクティング クッション SPF50・PA++++ 全8色 ¥6600／ローラ メルシエ ジャパン **C** フジコ デュアルクッション SPF50+ PA ++++ 全2色 ¥2200／かならぼ

CHECK!

ファンデーションの色は下地後の肌に合わせて！

ファンデーションは、すっぴんの肌色で選ぶよりも、下地を塗った後のトーンアップした肌色に合わせるとベストな色が選べます。顔の端までは塗らないので、明るめの色でも浮きにくいのでご安心を！

透けツヤ肌
ファンデーションの塗り方
HOW TO

NG

ギュッと押してパフの
持ち手側にまで
ファンデがしみ出たら
つけすぎのサイン！

George's Point

伸ばすのではなく
軽く叩き込む！

── 片側のみ ───

ペンペン

3	2	1

**テカリやすい小鼻＆
額にもパフでトントン**

テカリやすくくずれやすい
小鼻＆額には、ファンデを
つけ足さずにパフでトント
ンと軽く叩き込む。生え際
やこめかみは1.5cm外して。

**まずは片頬だけに
ファンデをのせる**

広い面からスタート。頬の
中心から外側に向かってパ
フでペンペンと軽く叩きな
がら広げていく。フェイス
ラインは1.5cmあけて。

**つけすぎ厳禁！
適量はパフの面半分**

ファンデは少量で薄膜に仕
上げるのが、透明ツヤ肌の
正解！ 付属のパフを軽く
クッションに押し当て、パ
フの面の半分の量を取る。

CHECK!

ファンデは片側ずつ塗りま
す。片側の塗る順番は右図
の番号通り。リキッドファ
ンデで塗る場合も同様に。

CHECK!

夏のくずれ対策は？

ファンデを塗る前にくずれやすい小鼻の脇、こめかみ、あご下、前髪がある人は額にサラサラ系のパウダーを仕込むと皮脂や汗をブロックできます。

George's Point

顔まわりには塗らず
パフでぼかすのみ！

― 反対側 ―

ペンペン

6

**塗った部分と塗ってない
部分の境目をなじませる**

パフにファンデをつけ足さ
ずに、塗ってない顔まわり
と塗った部分の境目を軽く
叩く。色や質感の差をなじ
ませて、なめらかに整えて。

5

**ファンデをつけ足して
もう半分を仕上げる**

1と同様にパフに、面の半
分の量のファンデを取り残
りの半顔を仕上げる。頬→
小鼻→額→あご先→目まわ
りの順にファンデをのせる。

4

**あご先、目まわりは
さらに薄膜仕立てに！**

さらにパフにファンデをつ
け足さずにあご先、目まわ
りに叩き込む。口角や目尻
など細かい部分もパフを小
刻みに動かしながら丁寧に。

STEP
4

仕込みチーク&リップ
Base cheek & lip

「仕込みチーク&リップ」の透けツヤ肌の方程式

| 血色カラー | × | ほんりのせ |

" パウダー前の赤み仕込みで
自然な血色感を演出して "

下地、コンシーラー、ファンデを塗るとくすみは晴れ、肌色も明るく整います。ただ、この段階は本来持っている血色感が下地やファンデで消されてしまっている状態。だから、お次は頬と唇に血色を仕込みましょう。透け発色のチークとリップをパウダー前に塗れば、自前みたいな自然な血色に。あるべきところに血色があると小顔効果が狙え、シャドウなどのカラーメイクのバランスも取りやすくなるのです。

血色感を足す
おすすめチーク
&リップ

USE IT
リップ

USE IT
チーク

D　C　　　　　B　A

\ CHECK! /

血色カラーは人それぞれ。
すっぴん時の頬、唇の色を
見て、自分にあった色から
選びましょう。

【チーク】A カムフィー スティックブラッシュ 05 ¥3850／セルヴォーク　B MiMC ミネラルクリーミーチーク 08 ¥3630／MIMC　【リップ】C アフターグロー リップバーム 1356 ¥3630／NARS JAPAN　D ラブソリュ マドモワゼル バーム 003 ¥4180／ランコム

仕込みチーク&リップの塗り方
HOW TO

George's Point

> 両頬に同時にのせて左右対称な仕上がりに！

1

笑って一番高くなる位置にチークをだ円形にぼかす

チークを人差し指と中指の2本指で笑って一番高くなる位置にポンポン塗り。片方ずつではなく、両頬いっぺんにのせると左右対象に。

2

唇の輪郭通りにリップを直塗りして淡く色づける

ここで塗るリップはあくまでベース。なので、輪郭通りにラフに直塗りするだけでOK。淡い血色の膜で全体をラッピングするように、薄く仕上げて。

George's Point

> 血色感を仕込むと肌も明るく見える！

After

Before

STEP
5

フェイスパウダー

Face powder

「フェイスパウダー」の透けツヤ肌の方程式

| プレストパウダー | × | 部分のせ |

> 部分的にパウダーをのせて
> サラサラに整えくずれブロック!

眉、目尻、小鼻の脇、フェイスラインに、ブラシでパウダーをふわり。くずれやすい部分にあらかじめパウダーをピンポイントで仕込んでおくとヨレやくずれが防止でき、メイクのもちが劇的によくなるのです。パウダーは、サラサラに仕上がる透明タイプがベスト! それでもテカリやヨレが気になる場合は、パウダーの前に優しくティッシュオフして、余分な皮脂を抑えておくのも有効です。

透明感が上がるおすすめフェイスパウダー

「マットすぎず、ツヤすぎない透明なタイプを選びましょう」
A プットオンアハッピーフェイスフィニッシング パウダー SPF15・PA＋00 ¥3300、¥1100（ケース）／アウェイク **B** キャンメイク シークレットビューティーパウダー 01 ¥935／井田ラボラトリーズ

USE IT
ˇ

B

A

透けツヤ肌
フェイスパウダーの塗り方
— HOW TO —

George's Point

軽くなでるように
薄づきでのせる

1

**大きめのブラシを使い
顔まわりと眉に
ふわっと**

地肌にファンデなどの油分が溜まりやすい眉や、油分が多いと髪が貼りつく顔まわりを、ふわっとなでるようにブラシを動かしパウダーをオン。

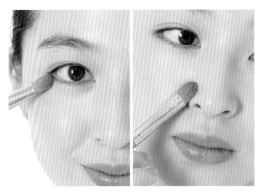

2

**くずれやすい小鼻の
脇や目尻には
小さめのブラシで**

くずれやすい小鼻の脇と目尻は、アイシャドウブラシなどの小さめのブラシを使ってピンポイントに。ここもフワフワとなでるように。

(フェイスパウダーを塗る位置)

**ファンデを塗ってない
顔まわりと小鼻脇などの
くずれやすい部分**

ここまでの工程でつくり上げたツヤや透明感を損なわないように、パウダーは部分的にのせましょう。

STEP
6

ハイライト

Highlighter

「ハイライト」の透けツヤ肌の方程式

▽

| ツヤパウダー | × | 磨き塗り |

ツヤ系パウダーの磨き塗りで 肌をサラサラ＆ツヤッと！

ツヤをテカリに見せない秘訣は、顔全体につやんと仕上がるパウダーを薄～くまとわせること。肌を磨くようにブラシを動かして肌にのせることで、均一で薄いヴェールが完成します。下地やファンデでつくったツヤや透明感を透けさせつつ、質感はサラサラ。内側から発光するようなツヤ肌に仕上がり、時間が経ってもくずれずキレイ。

透明感が上がるおすすめハイライト

USE IT
⌄

「光りすぎないパウダー系が◎」
A マットラディアンス ベイクド パウダー 01 ¥5280／ローラ メルシエ ジャパン　**B** ディオール バックステージ フェイス グロウ パレット 004 ¥5390／パルファン・クリスチャン・ディオール

B　　　A

透けツヤ肌ハイライトの塗り方
─ HOW TO ─

George's Point

肌に触れるのはブラシの先端のみ！

1

ブラシの毛先だけを使い肌を磨くように薄くのせる

額、頬、あご先は左右にブラシを小刻みに動かし、徐々に上から下までまんべんなくパウダーをのせる。鼻筋は眉間から鼻の頭までブラシをすべらせて。

（ ハイライトパウダーのブラシの動かし方 ）

ブラシの毛先を立てて小刻みに動かし、磨くようにパウダーを塗る

柔らかな触感のブラシを使い、左右にジグザグと小刻みに動かす。力は入れず、あくまで優しく！

透けツヤ肌ベースメイク完成！

finish

コスメの相性も大事!

透けツヤ肌をつくる
下地×ファンデの組み合わせ

どのコスメを使うか?と同じくらい大事なのがコスメの組み合わせ。
透けツヤを作れるベースコスメの名コンビをご紹介!

皮脂くずれを予防する　　下地 × ファンデ

いつもの下地の後に、皮脂が
出やすい部分にBを仕込み、A
を全体に。ツヤをキープしつ
つ、くずれからガードできます

A タン・クチュール・エバーウェア・ファン
デーション SPF20・PA++ 全8色 ¥7590／パル
ファム ジバンシイ　**B** マジョリカ マジョル
カ ポアレスフリーザー 15ml ¥1320／資生堂

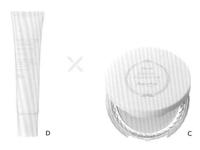

セミマットがお好みの方はこ
ちら。Dでサラッとした質感
に肌を整え、Cを薄くオン。内
側から光を放つすりガラスみ
たいな肌に!

C パウダリィファンデーションex SPF35・
PA+++ 全2色 ¥1320／パラドゥ　**D** フェイス
エディション（スキンベース）フォードライ
スキン SPF25・PA++ ¥1980／エテュセ

下地×ファンデの組み合わせ

Part 1

Part 2

Part 3

Part 4

Part 5

Part 6

Part 7

石けんオフで優しい　　下地 ✕ ファンデ

肌はキレイに見せつつ軽いメイクがしたい日はミネラルコスメを。保湿力も高く肌がなめらかになるFと、色ムラが整うEでナチュラルに

E ママバター BBクリーム SPF50・PA+++ 全2色 30g ¥1980／ビーバイ・イー　**F** ミネラルインナートリートメントベース SPF31・PA+++ 25ml ¥4950／エトヴォス

肌への優しさとカバー力、どちらも欲張りたいときに。Hはアプリコットカラーで顔色が明るくなり、Gは自然なツヤとカバー力が魅力です

G ミネラルグロウスキンクッション SPF32・PA+++ 全3色 ¥6380（ケース+パフ付）／エトヴォス　**H** オンリーミネラル N by ONLY MINERALS ミネラルコンプリートベース SPF15・PA++ 30g ¥3850／ヤーマン

くすみをカバーする　　下地 ✕ ファンデ

Jはくすみをオフして透明感をオンする名品。さらに、上からツヤと高い保湿力で上質な肌に整えるIを重ねれば、晴れやかで明るい肌に！

I タンフリュイドエクラ ナチュレル SPF25・PA++ 全8色 35ml ¥14300／クレ・ド・ポー ボーテ　**J** イルミネイティング セラムプライマー 02 SPF20・PA++ 30ml ¥3520／ジルスチュアート ビューティ

〈 透けツヤ肌をつくる
下地×ファンデの組み合わせ 〉

シミ・そばかすをカバーする　　下地 × ファンデ

シミやそばかすの茶色っぽい影がつくる色ムラは、Lで"なかったこと"に。さらにKで肌の明度を上げることで、つややかで明るい肌に整います

K ディオールスキン フォーエヴァー フルイド グロウ SPF35・PA++ 全8色 ¥6600／パルファン・クリスチャン・ディオール　**L** モデリング　カラーアップ　ベース UV OR220 SPF40・PA+++ 30g ¥4950／エレガンス コスメティックス

ニキビ跡を目立たなくする　　下地 × ファンデ

赤みを目立たなくするグリーンの下地は、ニキビ跡カバーに最適。さらにカバー力に優れたMを上から重ねることで、より自然に目立たなくできますよ

M アンクル ド ポー ルクッションN SPF50+・PA+++ 全7色 ¥8800／イヴ・サンローラン・ボーテ　**N** ブライトピュアベースCC<ミント> 25g SPF50+・PA+++ ¥1540／CandyDoll

毛穴開きを隠す下地　　下地 ✕ ファンデ

いつもの下地を塗った後、毛穴が目立つ部分に肌をフラットに整えるPを薄くオン。さらにOを重ねて陶器肌に！

O ノー マーシー フィクシング カバー フィット クッション ベルベット SPF50+・PA++++ 全2色 ¥3190／魔女工場　**P** エアリフトスムージングワンド ¥4180／THREE

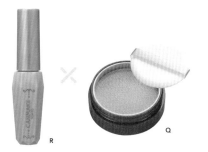

毛穴もテカリもカバーするなら、いつもの下地の後、気になる部分に肌がサラサラになるRをオン。その上からひんやり系のQを塗れば毛穴を引きしめてくずれにくさも◎

Q インテグレート 水ジェリークラッシュ SPF30・PA++ 全3色 ¥2200（編集部調べ）／資生堂　**R** キャンメイク ポアレスクリアプライマー 02 ¥770／井田ラボラトリーズ

シワを防ぐ　　下地 ✕ ファンデ

美容成分をリッチに配合した下地とファンデの組み合わせなら、気になるシワをうるおいパワーで目立たなくできるだけでなく、未来のシワ対策までできます。時間が経っても乾燥しにくいのも魅力

S シェイド アンド イルミネイト ソフト ラディアンス ファンデーション SPF 50 全8色 ¥15950／トム フォード ビューティ　**T** ヴォワールコレクチュール n SPF25・PA++ 40g ¥7150／クレ・ド・ポー ボーテ

なりたいイメージで変えられる

肌質チェンジベースメイク

Arrange
1

優しい印象が欲しい場合は

陶器ツヤ肌

すべらかな質感と上品なツヤで、優しい雰囲気をつくれます。ファンデをセミマットに変えて柔らかなツヤをつくり、ツヤが欲しい部分にはハイライトを追加して。

- **HOW TO** -

ト
ン
ト
ン

マットファンデの上に
ハイライトを部分的にオン

ファンデを基本メイクと同じ範囲（顔まわりを1.5cm外した顔の中心部分）に塗った後、パウダーをのせる。仕上げにハイライトを額のセンター、目の下、唇の山部分、鼻の頭以外の鼻筋に指で少量のせる。

（ ハイライトを塗る位置 ）

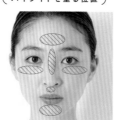

丸みや高さが欲しい部分を
ピンポイントで光らせる

丸みを出したい額のセンター、ふっくら見せたい目の下、唇の山部分、鼻の頭以外の鼻筋に。

※ファンデーションの塗り方は基本のベースメイク（P56）と同様

Change Point

セミマットファンデに
ツヤハイライトを足す

USE IT

B   A

A ロングラスティング リキッドファンデーション SPF20・PA++ 30ml 全10色 ¥9900／Amplitude
B ルナソル ラディアントスティック 01 ¥3300／カネボウ化粧品

基本のベースメイクにワンステップ加えるだけ。
キーとなる透明感はそのままに、
その日になりたい印象が手に入るテクを公開！

Arrange 2

上質な雰囲気をまとうなら

ベルベット肌

内側はツヤ、外側をマットにすることで、ほわっと発光するようなベルベット肌に。ピンクトーンのパウダーで幸福そうな血色感を演出するのもポイント。

— HOW TO —

**ブラシを使って
ふんわり、薄く！**

まず大きめブラシで肌を磨くようにふわっと全体にのせたら、小さめのブラシで小鼻まわりやTゾーンなどくずれやすい部分に重ねる。

（フェイスパウダーを塗る位置）

**全体は薄〜く！　テカリが
気になる部分は重ねづけ**

ツヤが透けることが大事なので全体に薄〜くオン。テカる部分は小さめブラシで重ねるとうまくいく。

Change Point

フェイスパウダーを
ピンクのセミマットに

USE IT

「軽さも明るさも出せるふわさらのセミマット」ラ プードル オート ニュアンス リクスィーズ Ⅵ ¥16500／エレガンス コスメティックス

Arrange 3

女っぽさを上げたいときの オーロラ肌

顔の動きに合わせてうるおいのツヤが動く"オーロラ肌"。ファンデの上にさらに下地を重ねて、明るさとツヤをパワーアップ！うるみのツヤで女っぽさを。

― HOW TO ―

ポンポン

下地→ファンデの次に
顔全体に優しく叩き塗り

基本ステップのファンデーションまで終わった後に、ツヤ系下地を重ねる。たっぷり塗るとくずれやすくなるので、極薄を心がけて。

（ 下地を塗る位置 ）

フェイスラインと
生え際以外に

全体をツヤッと輝かせたいので、フェイスラインと髪の生え際を除いた部分に、薄〜く重ねる。

Change Point

ベースの最後に
ツヤクリームをオン

USE IT

「ツヤを出しつつサラサラに！トーンアップ効果もあります」チョソンアビューティのムルブンクリーム／私物

70

Part

3

POINT MAKE-UP

肌を
キレイに見せる
ポイントメイク

肌の美しさを印象づけるのは
ベースメイクだけじゃなく
ポイントメイクにもカギがあります。
Part3では透明感を高めるコスメ選びや、各パーツの
塗り方のコツなどを取り上げていきます。

POINT MAKE-UP

肌のキレイを底上げできる
ポイントメイクで
透明感をさらに高めて！

「なぜか透明感が出ない」と悩んでいる人のメイクを見ると、
色選びは合っているけど、厚く塗りすぎている
場合がとっても多い。たとえ透明感を出しやすい色を
使ったとしても、べったり塗り固めてしまえば、暑苦しい
印象になってしまいます。眉、まぶた、頬、唇。
すべてのパーツで心がけたいのは、塗りすぎないこと。
どんな色をのせるときでも、いきなりたくさんのせるのではなく、
まずは薄〜く軽〜くのせてみて。その後、
バランスを見ながら色を足す。これが成功の秘訣！

全パーツをしっかり塗ると
重たくてキツい印象に…

アイブロウ

Eyebrow

透明感を出す「アイブロウ」の方程式

| ライトブラウン | × | 毛流れづくり |

 毛流れと眉色の濃淡が
立体的で自然な眉の秘訣!

眉メイクで大事なのは、眉頭から眉尻までの濃さを一定にしないこと。まずは淡い色のパウダーで眉の外枠の形を整え、毛が薄いなど、必要なところにだけ濃い色を足すことを心がけるとうまくいきます。眉頭は上向き、眉尻は横向きにスクリューブラシやアイブロウマスカラで毛流れをつくってあげると、さらに立体感ある眉に!

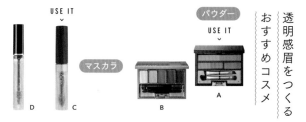

透明感眉をつくるおすすめコスメ

USE IT
マスカラ
パウダー
USE IT

D　C　B　A

「自然に色づけできるパウダーと毛流れを整えつつツヤも足せるクリアタイプのマスカラを」【パウダー】A アイブロウ　クリエイティブパレット ¥4620／イプサ　B ルナソル スタイリングアイゾーンコンパクト 01 ¥4620／カネボウ化粧品 【マスカラ】C &be アイブロウ マスカラ クリア ¥1430／Clue　D ボリューム アイブロウ マスカラ 04 ¥3300／SUQQU

透明感アイブロウの
HOW TO

A

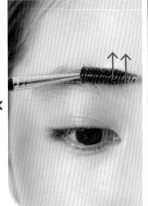

2
まずは眉尻下の
ラインを描く

パレットの①と②を混ぜて
最適な色に調整したら、眉
頭より眉尻の終点が少し高
くなるように眉の中央から
眉尻まで下のラインを描く。

1
スクリューブラシで
毛流れを整える

眉の中央は斜め下方向、眉
尻は横向き、眉頭は上向き
にスクリューブラシでとか
す。余分なパウダーなどを
オフして毛流れを整える。

CHECK!

眉色はアイメイクに合わせる

眉色は髪ではなくアイメイクの色に合わせて選ぶのが◎。
カラーのアイブロウマスカラを使うほか、シャドウを仕
上げにふわっとブラシで眉にまとわせるのもおすすめ。

HOW TO

George's Point

描く向き

描く順番

描く「順番」と
描く「向き」の流れは
左図をイメージしよう

A

5	4	3

眉頭はブラシを
上向きにして色づけ

パレット①をブラシに取り、
下から上に動かしながら色
を足す。眉頭が濃すぎると
透明感が損なわれるため、
色ののせすぎには注意。

眉の中にも
色を足していく

ブラシにパレット①を取り、
眉尻からブラシを斜め下に
動かしながら眉頭以外の部
分に色を足す。薄眉の人は
地肌に色をのせるように。

眉尻の上部分も
淡いブラウンで描く

パレット①と②を混ぜ、眉
の中央から眉尻までの上部
分のラインを描く。1で描
いた眉下のラインの終点と
繋いで、シャープな眉尻に。

George's Point

眉頭の毛を立てると
抜け感が際立つ！

After　　Before

<　　<　

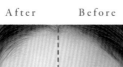

毛流れが美しく
抜け感のある
アイブロウの完成！

7

アイブロウマスカラ
で毛流れを整える

アイブロウマスカラのブラ
シを眉頭は上向きに、眉の
中間は斜め下に、眉尻は横
向きに動かし、眉にツヤを
のせつつ毛流れを整える。

6

赤みパウダーを少量
眉全体になじませる

P79で使うシャドウの色に
合わせてパレット③の赤み
をプラス。ブラシに少量取
り、眉の中央から左右に小
刻みに動かしながらオン。

STEP
2

アイメイク

Eye make-up

透明感を出す「アイシャドウ」の方程式

| ラベンダーベース | × | うっすら囲み |

透明感を出す「アイライン&マスカラ」の方程式

| 締め色 | × | 繊細塗り |

盛りすぎ厳禁！　淡く繊細に仕上げて抜け感を

アイメイクを盛りすぎると、かえって小粒な目に見えたり、清潔感が損なわれてしまうことがあります。だから、シャドウは淡く透けさせる、アイライナーやマスカラは繊細につけることが大切。私は今回のようにブラウンなどのシャドウを塗る前に、淡いパープルをベースに薄く仕込むことが多いのですが、これはまぶたのくすみをはらって本来の色を引き出すため。まぶたって意外とくすんでいることが多いので、いきなり色をのせるとうまく発色しないのです。

A エスプリーク　セレクト　アイカラー N PU101 ¥880（編集部調べ）／コーセー　**B** エクセル アイプランナー S 04 ¥990／常盤薬品工業　**C** アルモニーアイズ 07 ¥3850／エレガンス コスメティックス　**D** ケイト　デザイニングブラウンアイズ BR-5 ¥1320（編集部調べ）／カネボウ化粧品

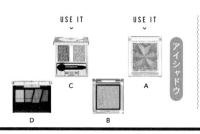

USE IT

USE IT

C

D

B

A

アイシャドウ

透明感アイを作るおすすめコスメ

透明感アイメイクの

HOW TO

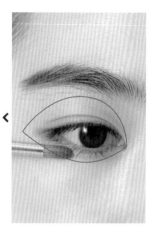

| 3 | 2 | 1 |

ピンクベージュを
ブラシでのせる

ブラシを使い、目頭から目尻までCの右側を二重幅よりやや広くぼかす。パープルや2でのせたブラウンがうっすらと透けるように。

なじみやすくするため
シャドウは濃い色から

ブラウン（Cの左側）を指に取り、目頭から目尻まで二重幅より狭くオン。濃い色を先にのせることで肌なじみが高まり透明感も出しやすい。

淡いパープルで
ベースを整える

Aを上まぶた全体は指、涙袋は小さめのブラシでごく淡くぼかす。ベースに淡いパープルを仕込むことで、まぶたのくすみを払拭できる。

【アイライナー】**E** ヒロインメイク プライムリキッドアイライナー リッチキープ 02 ¥1320／KISSME（伊勢半）**F** シルキーリキッドアイライナー ブラウンブラック ¥1430／ディー・アップ【マスカラ】**G** パーフェクトエクステンションマスカラ（繊細ロング）¥1650／ディー・アップ　**H** ラッシュ パワー マスカラ ロング ウェアリング フォーミュラ 01 ¥3850／クリニーク

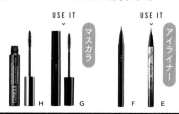

USE IT　マスカラ　　USE IT　アイライナー

H　G　F　E

透明感アイメイクの

HOW TO

USE IT
∨

E

USE IT
∨

C

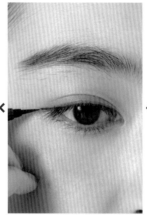

6	5	4

**マスカラ前に
まつげを上げる**

アイラッシュカーラーでまつげの根元を挟む。軽く圧を加えながら、アイラッシュカーラーを上方向に動かすとまつげが上向きになる。

**目尻のみにまつげ
1本分のラインを**

目尻の3mm手前から**E**でまつげ1本分の長さの細いラインを引く。まつげを上げる前にラインを仕込むと、より自然に目ヂカラがUP。

**下まぶたにもピンク
ベージュをのせる**

チップで涙袋全体にピンクベージュをのせる。目頭が目尻より少しだけ強くなるようにのせると、より涙袋のぷっくり感が強調できる。

CHECK!

一重・奥二重の人のアイシャドウの塗り方は？

ラベンダーを基本のメイクより広く塗り、まぶたの重さを払拭。その代わりピンクベージュは上まぶたを狭め、下まぶたを広めに。締め色のブラウンを太く入れてデカ目に。

ラベンダー
ブラウン
ピンクベージュ

USE IT

G

Part 1
Part 2
Part 3
Part 4
Part 5
Part 6
Part 7

CHECK!

黒ライン×黒マスカラだと重い?

メイクの世界観によってはアリですが、透明感を出すならアイ
ライナーとマスカラのどちらかはブラウン、またはカラー系が
ベター。どんな色でも塗りすぎないことが大切です。

 <  <

9	8	7
上まつげの根元に **ブラシを5秒当てる**	**マスカラを塗るのは** **まつげの上部分から**	**マスカラは必ず** **ティッシュオフ!**
次はまつ毛の下部分にオン。最初に毛先までブラシをすべらせて。その後、カールを固定するため、根元にブラシを当てて5秒キープ。	マスカラをまつげの下部分（図参照）にしか塗らないと、キープ力がダウン。まず、まつげの上部分の根元→毛先にブラシをすべらせながら、まつげの上部分にオン。	マスカラは塗る前に必ずティッシュでブラシやブラシの柄につく余分なマスカラ液をオフ。このひと手間で繊細＆キレイなまつげに。

まつげの
上

まつげの
下

  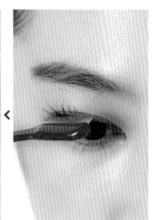

12

インサイドラインで
さりげなく締める

上まつげの生え際の下から
目頭から目尻までインサイ
ドラインを引く。難しい場
合は、まぶたを指で軽く持
ち上げながら引くと簡単。

11

下まつげは
ブラシを横向きに

ブラシを縦にして下まつげ
を塗るとダマになりやすい。
なので横向きに当てて、小
刻みにブラシを動かしなが
ら根元から毛先までオン。

10

塗ったら即、
コーミング！

ダマにならず、キレイにセ
パレートしたまつげに仕上
げるためにコーミングは必
須。マスカラ液が乾く前に
塗ったら即、行うのが鉄則！

CHECK!

アイラインをインサイドラインにする理由とは？

まつげの上からアイラインを引くと、線の太さや目の形によっては
二重幅が狭く見えてしまうことが。まつげの生え際下から引くイン
サイドラインならば、目の形を整えつつ目ヂカラアップが狙えます。

After　　　　Before

(存在感があるのに重たくない
透明感アイメイクの完成!)

自分に合ったアイラッシュカーラーを選ぼう

目のカーブが深め

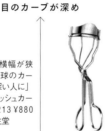

「目の横幅が狭く、眼球のカーブが深い人に」アイラッシュカーラー 213 ¥880／資生堂

「目幅が縦も横も大きく、眼球のカーブが深い人に◎」アイラッシュ カーラー ¥2200／SUQQU

目の幅が狭め　　　　　　　　　　　　　　目の幅が広め

「フラットで小粒な目に◎」エッジフリー アイラッシュカーラー ¥1100／マキアージュ

「横幅広めだけどカーブは浅い人に最適」アーティスト アイラッシュ カーラー ¥2640／ローラ メルシエ ジャパン

目のカーブが浅め

目の幅やカーブに合っていないアイラッシュカーラーを使うと、まぶたを挟んだり、目頭や目尻のまつげがうまく上がらないことがあります。合っているものなら簡単に、根元から美しいカーブを描くまつげに仕上がります。

STEP
3

チーク

Cheek

透明感を出す「チーク」の方程式

パープル＆ピンク × さらりづけ

" パープル仕込みで透明感
ピンクでピュアさを構築 "

シャドウと同じく、チークもパープルをベースに。ピンクだけで仕上げると肌から悪目立ちしてしまうことも。パープルを先に仕込むことで透明感が上がり、柔らかさも演出できます。どちらのチークも淡く、フェイスパウダーをまとう感覚でさらりと。このパープルの仕込みワザはピンク以外のチークを使う場合にも応用できます。

透明感チークをつくるおすすめコスメ

「チークは肌を透けさせつつ、色をふわっと感じさせるパウダータイプを。Cのコフレドールは、1つのチークにピンクゾーンとパープルゾーンがあるので便利です」【パープル】Aチークポップ 15 ¥3630／クリニーク【ピンク】Bペタル チーク 07 ¥3520／トーン【パープル＆ピンク】Cコフレドール　スマイルアップチークスS 06 ¥2530（編集部調べ）／カネボウ化粧品

パープル＆ピンク

USE IT

ピンク

C

USE IT

パープル

B

A

透明感チークの
HOW TO

1
まずパープルを
ジグザグ塗り

スタートは下まぶたのキワから指
1本分ほど下、終点は口角の斜め
上。パープルを上→下までジグザ
グとブラシを動かし、淡く塗る。

2
笑って高くなる
部分にピンクを

パープルをのせた上から、同じブ
ラシを使ってピンクを淡くぼかす。
ピンクをのせる位置は笑って高く
なる部分にかなり横長の楕円形に。

(**チークを塗る位置**)

パープル

ピンク

頬の広い範囲に
パープルをオン
中央にピンクを

頬がポッと上気した際に赤くなる
部分を色づけると、自然な血色に。

After　　　Before

(内側からじわっと
発色するような
透明感チークの完成!)

STEP
4

リップ

Lip

透明感を出す「リップ」の方程式

ヌードピンク	×	"追い"レッド

軽やかさをキープしながら
肌が冴える血色をプラス

ヌードピンクで唇全体の彩度を上げた後、血色をちょい足しする "追い"レッドで、顔色全体を冴えさせるのがリップメイクの目的。赤だけだと重くなりがちけど、ヌードピンクの中に部分的にのせるのなら軽やかさもキープできます。さらにぼんやりとした唇の輪郭をリップで補整することで、顔全体を上品に見せる効果も。

透明感リップをつくるおすすめコスメ

「ヌードピンクは透けるタイプが◎」**A** B IDOL つやぷるリップ 08 ¥1540／かならぼ **B** デアリング リィデミュアリップスティック 10 ¥4290／THREE 「追いレッドには、真っ赤ではなくややダークめを選びましょう」**C** モイスチャー リッチ リップスティック 10 ¥5500／SUQQU **D** ラスティングフィニッシュ オイルティントリップ 006 ¥1650／リンメル

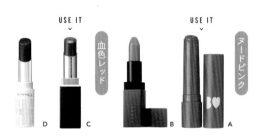

USE IT
血色レッド
USE IT
ヌードピンク

D C B A

透明感リップの塗り方
HOW TO

1

ヌードピンクを
唇全体に薄く塗る

リップクリームを塗る感覚
で唇全体に**A**をグリグリっ
とラフに直塗りする。唇の
色ムラをヌードピンクで整
えつつ、自然なツヤをオン。

⌄

George's Point

口を開けて上下の唇の内側に塗る

2

唇の内側に赤を
ポン・ポン・ポン

唇を軽く開き、中央の内側
部分だけにポンポンと**C**を叩
き込む。その後、上下の唇
をなじませてベースのヌー
ドピンクと唇の上で混ぜる。

透明感カラー
メイクの
完成!

finish

基本メイクから印象チェンジ アレンジ透明感メイク

なりたいイメージや使いたい色に合わせた、透明感メイクの4つのバリエをご紹介！

ブラウンアイシャドウ × レッドブラウンリップ

ブラウンなら、女っぽい透明感が目指せる

定番のブラウンシャドウとトレンドのレッドブラウンリップ。目元は透け感、
唇は丸みを意識したメイクで、女っぽいオーラを放つ透明感メイクに。

－ HOW TO －

基本メイクから
リップ アイシャドウ
をチェンジ

change

USE IT

A「肌を冴えさせつつ、お
しゃれになる色」ルージュ
ピュールクチュール ザ スリ
ム グロウマット 205 ¥4950
／イヴ・サンローラン・ボー
テ　**B**「微細なパール入
りで影色でもくすまない」
ルナソル アイカラーレー
ション 07 ¥6820／カネボウ
化粧品

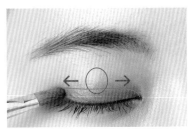

1

シャドウは濃い色から
塗って柔らかさを意識

Bの右下をブラシで上まぶたのキ
ワに細いライン状に。右上をまぶ
た中央にのせたら、指を左右にワ
イパーのように動かし広げる。

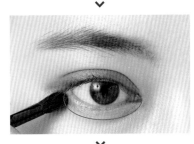

2

ニュアンスカラーを
重ねて今っぽさを出す

Bの左下をアイホールにふんわりと
ぼかす。グラデにせず、色を上から
重ねることで締め色との境目が曖
昧になり、こなれ感も出せる。

3

ニュアンスカラーを
涙袋にものせる

Bの左下を涙袋全体にのせる。く
っきりと発色させるのではなく、
あくまでふんわりと！　上まぶた
との統一感を出しつつ、立体感も。

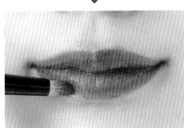

4

リップブラシで
丸い輪郭の唇に

唇の山を鋭角作るとキツい印象に
なるので、先の丸いブラシで唇が
丸い輪郭になるようにAをのせる。
仕上げに指でなじませて。

ベージュアイシャドウ × グリーンアイライン

^{⁹⁹}
グリーンの存在感で
凛とした雰囲気を演出 ₆₆

白目を澄んで見せる効果を持つグリーンのライン。大人がカラーラインを使う場合
はシアーなベージュのシャドウでまぶたを明るく見せると悪目立ちしません。

－ HOW TO －

change

USE IT

B　　　A

A「大人が挑戦しやすい深いグリーン」ザ カラー リキッド アイライナー 005 ¥3300／アディクション ビューティ
B「テク不要でキレイに仕上がるクリーム系」アイグロウ ジェム BE387 ¥2970／コスメデコルテ

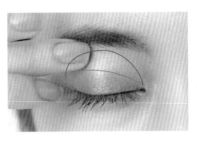

1

明るいベージュで
ワントーングラデに

Bのシャドウを指でまぶた全体（眉下のあたりまで）に淡くぼかす。さらに二重幅にも同じ色を指で重ねてワントーングラデをつくる。

2

涙袋にシャドウを
ブラシでライン状に

涙袋にも**B**をブラシでのせる。指だと太くなりがちなので、ライン状に入れられるように細めのブラシを使うとのせやすい。

3

上まぶたのシャドウの
範囲を綿棒で調整

目尻からはみ出したシャドウを綿棒で軽く拭ってフォルムを調整。クリームシャドウをのせすぎた場合もこのテクでヨレを回避できる。

George's Point

目頭細め、目尻太めのラインでこなれ見せ！

4

目尻長め＆ハネ上げて
グリーンのラインをオン

上まぶたのキワに目頭から目尻まで**A**でグリーンのラインを引く。ラインが際立つように、目尻はキュンとハネ上げつつ5mmほど延長。

ベージュチーク × パープルアイシャドウ

洒落た色合わせで
儚げな透明感を演出

一見難しそうなベージュやパープルは、洒落感や儚さを演出できるおすすめ
の組み合わせ。ベージュは広めに、パープルは狭くのせるのがポイントです。

基本メイクから
チーク アイシャドウ
をチェンジ

change

— HOW TO —

George's Point

澄んだ光を放つラメが
まぶたに透明感を！

1
アイホールのくすみを
キラキラでオフ

Aの下段の淡いピンクトーンに光
るキラキラをアイホールに指でオ
ン。全体的にたっぷり、目頭側よ
り目尻側を広めにのせることで、
目幅を横に広げる効果も得られる。

∨

2
下まぶたのライン状の
パープルで透明感を

Aの上段のパープルを細めのブラ
シで下まぶたのキワに2〜3mmの
ライン状にのせる。こちらも目頭
より目尻を少し強めにのせること
で、目幅をより広げる効果が。

∨

3
ベージュチークを
頬骨に沿ってぼかす

Bのベージュチークは淡くぼかす
ことで、さりげない血色を宿せる。
黒目の下あたりから頬骨に沿って
軽く引き上げるようにふんわりと
淡くのせて、メリハリも演出。

USE IT
∨

A「目元の透明感を上げるパープル」カネボ
ウ アイカラーデュオ 11 ¥2530／カネボウイ
ンターナショナルDiv.　**B**「柔らかく骨格が
際立つ」ヴィセ リシェ フォギーオン チーク
ス N BE821 ¥1650（編集部調べ）／コーセー

B　　　　　　　A

オレンジチーク × ブラウンリップ

好感度高めなメイクは
オフィスにもおすすめ

ヘルシーなオレンジチークを大人っぽく楽しむメイク。シックなブラウン
リップで大人っぽさをプラスして端正な印象に。好感度も高まります。

‒ HOW TO ‒

基本メイクから
チーク リップ
をチェンジ

change

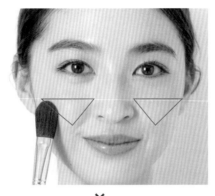

1

小鼻横にチークを
逆三角形にふわり

Bのオレンジを高い位置に
入れると子どもっぽく見え
るので小鼻の横に逆三角形
に淡くぼかすのが正解。ほ
うれい線にかかると顔が垂
れて見えるので、注意して。

⌄

George's Point

塗る際はうっすら
透けるように

2

薄〜く、ラフに
リップを直塗り

透けさせることで、ブラウン
リップの重さを回避。唇が丸
いフォルムになるように、**A**
をラフに直塗りして大人っ
ぽさと可愛らしさを演出。

USE IT

A「するんと伸び広がり、みずみずしいツヤ
を放つリップ」ルナソル プランプメロウリ
ップス 08 ¥4400／カネボウ化粧品　**B**「肌に
なじんでヘルシーな血色に」ザ ブラッシュ
018 ¥3080／アディクション ビューティ

B　　　　　A

COLOR MAKE-UP

程よい抜け感がつくれる
透明感カラーコスメの組み合わせ
透明感がグッと増す、カラーコスメの最適な組み合わせをご紹介!

パープルのマスカラをなじま
せつつ際立てるのが、透け感あ
るピンクシャドウ。同系色にす
ることで洒落感が出せる

A「深みのあるパープル」ディファイニング
マスカラ 03 ¥3080／SNIDEL BEAUTY
B「くすみトーンでおしゃれ」シグニチャー
カラー アイズ 04 ¥7700／SUQQU

アンニュイな血色の
・ピンク × ・パープル

あか抜け顔になれる
・ピンク × ・グレー

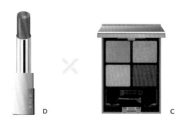

目元に軽さと品が出るグレー
シャドウとクリアに透けるピ
ンクリップの組み合わせ。顔色
を冴えさせつつおしゃれに!

C「くすまないグレー」ルナソル アイカラー
レーション 08 ¥6820／カネボウ化粧品
D「ツヤが♡」リップスティック コンフォート
エアリーシャイン 04 ¥3850／RMK Division

グレーのマスカラと赤系アイ
ライナーの組み合わせなら、黒
よりもキツくなく、しかも目ヂ
カラがしっかり出せます

E「ブルーを含んだ軽やかなグレー」フーミ
ー ロング＆カールマスカラ スレートグレイ
¥1650（WEB限定色）／Nuzzle F「大人っぽ
さも色っぽさも出せる優秀カラー」ルナソル
シークレット シェイパーフォーアイズ 03
¥3080／カネボウ化粧品

さりげない目ヂカラに
・レッド × ・グレー

透けるブルーグレーのシャド
ウで肌ノイズを消し、ツヤ感あ
る赤リップで顔色を明るく。大
人っぽさとピュア感を両立

G「透明感ある発色でピュア感UP」& WOLF
スリーサムデザイニングアイカラー TD-003
¥2420／シロク　**H**「縦ジワもカバーできるう
るうる質感」ママバター カラーリップグロス
チェリーレッド ¥1650／ビーバイ・イー

大人ピュアな印象に
・レッド × ・アクア

H　　　　　　　　　　G

スタイリッシュな
・ベージュ × ・ネイビー

J　　　　　I

ネイビーシャドウは目をクリア
に見せるし、デカ目効果も。
抜け感のあるベージュリップを
合わせてオシャレさをアピール

I「使いやすいマイルドなネイビー」ヴィセ リ
シェ グロッシーリッチ アイズ N BL-8 ¥1320
（編集部調べ）／コーセー　**J**「上品なベージ
ュなら美人な印象も」ケイト　リップモンス
ター 11 ¥1540（WEB限定色・編集部調べ）／
カネボウ化粧品

最強の美肌効果！
・ローズ × ・ローズ

透明感を意識した肌にローズ
をのせると、肌が最高に美しく
見えます。イエベ、ブルべ問わ
ず、誰にでも似合う最強色

K「リアルな血色に」フェイス カラー M 362
¥3300、カスタム ケース Ⅱ ¥770／シュウ ウ
エムラ　**L**「クリアな発色」アライジングス
ピリットリップグロー 03 ¥4290／THREE

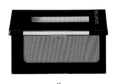

L　　　　　　K

Column ②

パーソナルカラーは あくまで目安！

イエベ、ブルベを気にし過ぎるあまり、
メイクの幅が狭まってしまっている人がすごく多い。
もちろん、似合う色探しの参考にはなるけれど、
「それが絶対」ではない。「このカラーを使ってみたい！」と
ときめくコスメで、カラーを楽しめばいいのです。
自分と違うパーソナルカラーを使いたいときは、
イエベならパープルのコントロールカラーに
ピンク系のファンデを。
ブルベならオレンジのコントロールカラーに
オークル系のファンデを使ってみて。
肌のトーンが緩和されて、似合う色の幅がグンと広がります。
メイクの冒険もしやすくなりますよ。
肌色を調整して思いきりメイクを楽しもう！

イエベ→ブルベに

✓ コントロールカラーは
パープルやブルー系
✓ ファンデーションは**ピンク系**
✓ カラコンは**シナモンベージュやアッシュ系**
✓ フェイスパウダーは**パープルかピンク系**

ブルベ→イエベに

✓ コントロールカラーは
オレンジ、ベージュ、イエロー系
✓ ファンデーションは**オークル系**
✓ カラコンは**カーキ系**
✓ フェイスパウダーは**ベージュ、コーラル系**

Part

4

SKIN PROBLEMS

日常に潜む トラブルから 肌を守る

スキンケアを頑張っていても
さまざまな原因で起こる肌悩み。
Part4ではトラブルから肌を守る方法と
荒れてしまったときの対処法を紹介。
知識があれば肌荒れも怖くない！

ついやりがちな行動をチェック！

日常の肌トラブル チェックリスト

普段何気なく行なっていることが、ニキビやくすみの原因になる場合も。
リストをチェックして、肌トラブルを回避しましょう！

普段の生活の中でついつい
\ 肌に悪いことをしてるかも?! /

Q1.

顔や前髪を無意識に触ってしまう

☐ YES

George's Point

キレイに見えても手には雑菌がいっぱい。その手で触ると、ニキビなどの原因に。前髪を触るとそこについた雑菌が額などに付着します。

Q3.

家にいる日は日焼け止めを塗らない

☐ YES

George's Point

たとえ家の中で窓やカーテンを閉めていても、紫外線は降り注いでいます。SPFの低いタイプで良いので日中は必ず日焼け止めを塗って。

Q2.

1日に何度も"あごマスク"をしてしまう

☐ YES

George's Point

"あごマスク"はあごへとずらす摩擦で肌を傷めがちだし、汚れや菌が溜まることも。飲食時などは、片耳ずつ紐を外すようにしよう。

Q5.
ニキビをついつい いじってしまう
☐ YES

George's Point

ニキビに刺激はご法度！ いじると刺激になり、指についた目に見えない雑菌でさらに悪化することも。自分でつぶすのもNG。

Q4.
日中に保湿を していない
☐ YES

George's Point

エアコンの空調やマスク生活の影響もあり、日中の肌は乾燥しがち。ミストやオイル、バームなどを駆使して"追い保湿"を行なって。

Q7.
アイラッシュ カーラーをしばらく キレイにしていない
☐ YES

George's Point

アイラッシュカーラーのゴム部分はこまめに掃除を。まつげが上がりにくくなるし、目まわりに雑菌がつくなどトラブルの原因にも。

Q6.
開けて数年 経ったコスメを 使い続けている
☐ YES

George's Point

コスメも経年劣化します。開封するとその消費期限はさらに短くなるので注意を。例えばファンデの場合は封を開けたら1年程度を目安に。

‹‹ NEXT

Q9.

通常のメイク
アイテムなのに
クレンジングしない

☐ YES

George's Point

たとえ石鹸オフできるファンデを使っていてもシャドウやリップが石鹸オフでないなら、ポイントメイクアップリムーバーが必要です。

Q8.

メイクしたまま
寝落ちする日が
何度もある

☐ YES

George's Point

コスメによっては毛穴に詰まったり、色素沈着することも。皮脂や空気に含まれる汚染物質などを落とさないと肌トラブルの原因に！

Q11.

スタイリング剤が
髪についたまま
寝てしまう

☐ YES

George's Point

花粉やホコリなど、スタイリング剤がついた髪には汚れがいっぱい付着しています。洗わないまま寝ると、顔に触れて肌荒れの原因に。

Q10.

メイクを浴室内で
落としている

☐ YES

George's Point

熱いお湯は肌を乾燥させるし、シャワーを直に顔にかけるのも刺激になるのでNG。メイクはお風呂の前にオフして化粧水＆乳液を。

Q13.

枕カバーはたまに
しか洗わない

☐ YES

George's Point

皮脂や汚れがつく枕カバーは、毎日取り替えるのがベター。難しい場合は、シルクなどのタオルをしいて、それを取り替えるのでもOK。

Q12.

家から出ない日は
スキンケアを
さぼりがち

☐ YES

George's Point

外出しなくても皮脂は出るし、肌に汚れが付着し、乾燥もします。しっかり洗って、足りない水分、油分を補うスキンケアは必要です。

Q14.

スポンジやブラシなど
メイクツールを
しばらく洗っていない

☐ YES

George's Point

ブラシは最低でも月1、
スポンジは毎日、パフは1週間に
1回は洗い、平干ししましょう。

ブラシ

薄めたシャンプーとトリートメントを使用。すすぎは念入りにし、毛先を整えるように。

パフ

洗顔料で洗い、ふわふわになるようにお湯で薄めた柔軟剤に浸し、よくすすぐ。

スポンジ

最初にクレンジングオイルでファンデなどを落とし、その後洗顔料で洗う。

Q1〜14までの結果

チェックの数 ☐ 個

チェック数が多いほど
肌トラブルになりやすいので注意!!
0になるように心掛けましょう。

肌トラブル発生時の
レスキューケア & カバーテクニック

肌トラブルが起きても慌てずに済むように、対処法を知っておきましょう。

Trouble ニキビ

レスキューケア × 鎮静マスク

炎症を鎮める効果のあるマスクをプラス

炎症をいち早く鎮めることがニキビ解消の近道。いつものお手入れをする前に、鎮静効果の高い成分を配合したシートマスクで鎮静ケアを取り入れましょう。

USE IT

「シカ成分入り。ガーゼ素材のマスクも刺激レスで◎」シカゴー シカSOSマスク 5枚入り ¥2750／ISOI JAPAN

カバーテクニック × 硬めコンシーラー

USE IT

「赤いニキビなら1280番がおすすめ」ソフトマットコンプリートコンシーラー 全10色 ¥3960／NARS JAPAN

George's Point

綿棒でチョンとのせ
パウダーをオン
これを2回繰り返す

ピンポイントでカバーすれば厚塗りも回避！

ニキビはファンデを厚塗りして隠すのではなく、カバー力が高く、ヨレにくい硬いテクスチャーのコンシーラーでピンポイントに！

CHECK!

肌荒れを早く治したいなら皮膚科で相談を。

ニキビや肌荒れをいち早く治すなら皮膚科がベスト。ニキビを的確につぶしたり、肌荒れ解消に役立つ薬を処方してもらうのが近道です。

Trouble マスク荒れ

レスキューケア × 鎮静パッド

スキンケアも敏感肌用を使おう

USE IT

荒れた部分は鎮静パッドで集中ケアを

赤みやひりつきがある部分には、シカなどの鎮静成分たっぷりのパッドをオン。保湿もでき、肌荒れの原因となる乾燥対策もできます。

「シカ成分配合の低刺激なパッド」ダーマトリーのハイポアラージェニック シカ レスキュー ガーゼ パッド／私物

カバーテクニック × バーム＆スキンケアパウダー

USE IT

A

B

A トリロジー エブリシングバーム 45ml ¥3410／ピー・エス・インターナショナル **B** スキンケアパウダー [医薬部外品] 25g ¥5500／イプサ

George's Point

マスクの上下のふち部分にバームを塗る

パウダーでサラサラにしてバームで摩擦を軽減！

メイクの仕上げにスキンケア成分配合のパウダーで肌をさらすべに整えます。さらにマスクにバームを薄く塗って肌の摩擦を軽減。

レスキューケア × インナーケア

飲む日焼け止めとビタミンC＆セラミドで体の中から対策を

今あるシミや色ムラを薄くしつつ予防を。飲む日焼け止め＆ビタミンC＆セラミドのサプリの万全な対策を。生活習慣の見直しも大切。

規則正しい生活も心がけよう

USE IT

B
A

A「紫外線対策に◎」エールのルミエ ラブ、**B**「飲み始めてから肌の明るさがUP」mukiiのビタホリックC／すべて私物

カバーテクニック × 高保湿コンシーラー

USE IT

ディオールスキン フォーエヴァー スキン コレクト コンシーラー 全7色 ¥4620／パルファン・クリスチャン・ディオール

George's Point

ピンポイントで塗るのではなく薄く広めに塗る

極薄の膜でカバーすると目立たない仕上がりに

シミ隠しには高保湿でなめらかなコンシーラーがベスト。薄〜くのせたら、シミのアウトラインをスポンジで軽く叩いて、なじませて。

Trouble　**毛穴**

レスキューケア　×　**冷却マスク**

USE IT
˅

シートマスクを
冷蔵庫で冷やして
毛穴を引き締め

シートマスクを冷やすことで、毛穴の引き締め効果がアップ！　またうるおいが不足すると毛穴は硬くなるので、保湿もしっかりと。

「肌の鎮静と保湿に」メディヒール ティーツリーケアソリューションエッセンシャルマスク ¥356／セキド

カバーテクニック　×　**穴埋めコンシーラー**

USE IT
˅

George's Point

毛穴に埋め込むようにチップを軽くすべらせる

コンシーラーは凸凹を
埋めるサラサラ系を！

厚みを出さずに凹凸を埋めることが大事なのでコンシーラーはサラサラ系を選んで。いつものベースメイクの上に薄膜をのせましょう。

「密着力が優秀」ミネラライジング ポアコンシーラー 1.25 ¥1140／ザセム

レスキューケア × スリーピングマスク

**就寝中マスクで
肌を刺激から
守りつつ鎮静を**

肌の赤みは乾燥や摩擦
などで炎症を起こして
いるのが原因。だから、
寝ている間に保湿ケア
できるマスクで肌を労
りましょう。

「塗った翌朝、赤みも落
ち着いてトゥルンとした
肌になれる」アビブのリ
ラックススリーピングパ
ック／私物

カバーテクニック × グリーン下地

モデリングカラーアッ
プ ベース UV SPF40・
PA +++ GR440 ¥4950／
エレガンス コスメティ
ックス

George's Point

グリーン下地を
のせるのは赤みの
ある部分だけ！

**赤みを消す効果を持つ
グリーンで解消！**

全体にグリーン下地を塗ってしまう
と肌トーンの差が埋まらないので、
部分使いが正解。上からチークな
どをのせるので、かなり薄めに。

Trouble　クマ

レスキューケア　×　ホットタオル

クマ対策に
睡眠も
たっぷりとって

USE IT

レンチンした
ホットタオルで
しっかり温め

どんよりとしたクマの原因は目まわりの血行不良。レンジで30秒ほど濡れタオルを温めて目元にオン。温熱効果で血行不良の改善を！

「ガーゼ面とパイル面の2WAY。今治タオルならではの柔らかさも魅力」KOBAKO スチーム洗顔タオル ¥1980／貝印

カバーテクニック　×　暖色コンシーラー

USE IT

「絶妙なオレンジが自然かつ確実なカバー力を発揮」P52で紹介したケサランパサランのコンシーラー

George's Point

コンシーラーを
塗るのは
ファンデの前！

クマの色に合わせて
コンシーラーを選んで

青っぽいクマにはイエロー系、茶色いクマにはオレンジ系。白っぽいものより暖かみのある色みの方が、自然に目立たなくできます。

美肌に欠かせない
インナーケア

美肌を手に入れるために、インナーケアは必須。

だけど、忙しい毎日の中、美肌に必要な栄養素を

すべて食事だけで補うのは至難の業。

なので、サプリなどを上手に使うのがおすすめです。

私は疲れると肌がくすむので、ビタミン剤と鉄、

亜鉛は毎日必ず。また肌の透明感を手に入れるためには、

腸が健やかであることがすごく大事なので、

乳酸菌も毎朝の習慣にしています。

「肌の素となるタンパク質と腸活のための乳酸菌は朝の定番。胃腸を休めるためにどちらもドリンクタイプを選んでいます。」（右から）e-strechの美人プロテイン、KINSの乳酸菌エッセンス／すべて私物

愛用のサプリたち！ （右から）「飲む日焼け止めと美白ケアが1つで」ルミエ ラブ、「鉄のサプリメント」アドバンスドフェロケル、「疲れ対策のために飲んでいます」エンビロンのビタミンA＋ミネラル、「野菜不足なのでこれも必須」ベジパワープラス、「夕方、疲れを感じたときのお助けアイテム」タカミサプリ、「ニキビや風邪予防に欠かせないビタミンC」シナール、「ビタミンCとセラミド配合。これを飲み始めてから乾燥が気にならなくなりました」ビタホリックC／すべて私物

HAIR CARE

透けツヤ肌を
引き立てる
ヘアづくり

肌の透明感を際立ててくれる
美しい髪。そんな美髪を育てるために
見直したいデイリーケアと
簡単ヘアアレンジを
美容師経験18年のGeorgeが解説します。

HAIR CARE

髪のツヤなくして
肌の透明感は
得られません！

どれだけメイクを頑張っても、髪が乾燥して
パサパサしていたり、スタイリング剤などのつけすぎで
ベタベタしていると、透明感が一気に失われてしまいます。
さらに清潔感が損なわれたり、老けた印象になることも。
スキンケアで肌の土台を整えるように、毎日のヘアケアで
髪を健やかに整えることは、すごく大切。きちんと洗って、
栄養を髪へと補給するだけでなく、ドライヤーで
正しく乾かすことで、なめらかでツヤに満ちた髪に！
肌がよりキレイに見えるし、髪自体も扱いやすくなります。

顔まわりが軽く
ツヤもあると
肌も明るく見える！

HAIR CARE

お手入れ方法を見直そう

透けツヤ髪をつくるデイリーケア

髪をキレイに保つための毎日のケア方法を知って、取り入れていきましょう。

インバス編

George's Point

スタイリング剤で髪が
ガチガチなときは、お湯で
流してからブラッシングを

1

髪についた
ホコリを除去して
絡まりをほぐす

根元から毛先までブラッシング。ホコリを浮き上がらせつつ、髪の絡まりをほぐしておくと、お湯で全体を素早く濡らせます。

George's Point

予洗いやシャンプー後に
流す際は背中もしっかり
流して背中の肌荒れを防止

2

顔を上げながら
髪と頭皮をしっかり
シャワーで流す

シャワーで髪と頭皮にお湯がまんべんなく行き渡るように流す。ここでしっかり濡らすことで泡立ちが良くなる。

NG

下向きでシャワーを当てると
顔のたるみや洗い残しの原因に！

George's Point

> 生え際、耳まわりの頭皮を動かすように洗うとリフトアップ効果も得られる

3

指の腹で地肌を洗うようにシャンプー

泡が汚れを吸着するので、スタイリング剤で泡立ちがよくないときは、髪全体にシャンプーを行き渡らせて流す"プレシャンプー"を。しっかり泡立つ場合は、1回洗いで終了してOK！

4

しっかり洗い流す

> 2の方法で。洗い残しやすい生え際、耳まわり、襟足は特に念入りに！

5

George's Point

> 塗布後にホットタオルを巻くと浸透力がさらにアップ！

軽く水気を切ってからトリートメントを塗布

トリートメントの量は製品の規定量通りに。まず毛先から中間に向かってなじませ、余った分を中間から頭皮に。

6

しっかり洗い流す

トリートメントのギモン

1 毎日洗っても臭いやベタつきが気になる

トリートメントをきちんと流していますか？トリートメントは髪の内側に栄養を補給するためのもの。なので浸透させたらきっちり洗い流して。表面にすすぎ残しがあると臭いやベタつきの原因に。

2 髪の集中ケアは週何回行うのが正解？

集中ケア用のアイテムの使用頻度は週に1〜2回が正解。これを毎日使ってしまうと、髪に栄養が入りすぎて重たくなってしまうことがあります。

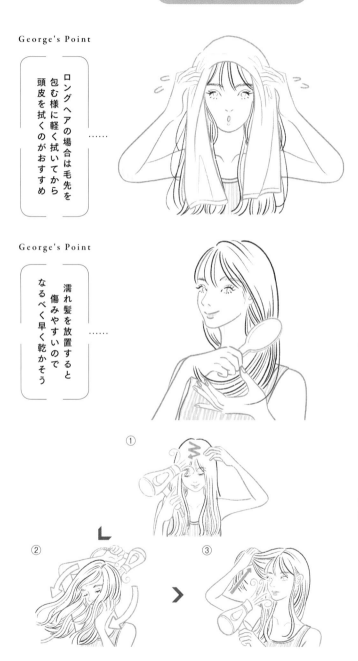

アウトバス編

George's Point

ロングヘアの場合は毛先を包む様に軽く拭いてから頭皮を拭くのがおすすめ

George's Point

濡れ髪を放置すると傷みやすいのでなるべく早く乾かそう

1

摩擦を回避しつつ頭皮から拭く

濡れ髪は傷みやすいので、摩擦レスを心がけて。タオルでまず頭皮の水気を拭いてから、髪の中間〜毛先を拭く。

2

ドライヤー前に髪の絡まりをほぐす

目の粗いクシやブラシで、軽くブラッシング。髪がパサついたり、ひどく絡まる場合は軽めのオイルをなじませて。

3

いろんな方向に髪を動かしながら乾かす

まず頭皮から乾かし始め、ある程度乾いたら、つむじ部分の根元を後ろから前にジグザグと動かしながらドライ（①）。次は襟足などの後頭部まわりを（②）。仕上げにサイドの髪を持ち上げて下から上に風を当てる（③）。

透けツヤ髪をつくるおすすめ ヘアケアコスメ＆ツール

◀ 頭皮ケア

◀ ヘアブラシ

◀ シャンプー＆トリートメント

◀ アウトバストリートメント

◀ インバストリートメント

【ブラシ】A「頭皮への刺激が心地よいクッションブラシ」パドル ブラシ ¥3740／アヴェダ　B「細い毛も絡まりにくく濡れ髪にもおすすめ」ウェットブラシ プロ パドル ディタングラー ¥1980　／ネイチャーラボ　C「プロにも愛用者の多い名品。ツヤツヤ＆サラサラに！」メイソンピアソン ポケット ミックス ¥11550／オズ・インターナショナル　【頭皮ケア】D「頭皮の毛穴詰まり対策に」スキャルプ＆ヘア トリートメント リムーバー 60ml ¥5280／THREE　【シャンプー＆トリートメント】E「毛穴の汚れをマッサージしながらオフできる」イネス ジェントル スクラブ クレンズ 400g、F「毛先までなめら

かに」同 タラソ スパ クリーム 230g 共に¥3300（編集部調べ）／花王　G「精油の香りと程よいボリューム感が秀逸」ザ パブリック オーガニック スーパーバウンシー ディープモイスト シャンプー、H「うるおう仕上がり」同 トリートメント 各480ml 各¥1738／カラーズ　【インバストリートメント】I「ダメージヘアに」アモスのトゥルーリペア トリートメント／私物　【アウトバストリートメント】J「クセ毛もしっとりまとまる」オージュア アクアヴィア セラム、K「サラサラになるオイル」同 スムース セラム 各100ml各¥2860（共にサロン専売品）／ミルボン

HAIR ARRANGE

かんたんテクニックで抜け感をつくる

肌をキレイに見せるヘアアレンジ

基本のヘアケアで仕上げた透けツヤ髪をさらに魅力的に見せる、簡単アレンジ術をご紹介!

Arrange 1

透けバングアレンジ

前髪を軽くして印象をアップ

前髪に隙間を作って、額のツヤをチラ見せ。肌が見える面積が増えると印象が軽やかになるし、肌ツヤが見えると透明感も高まります。

─ HOW TO ─

3 指で前髪をつまんで 束感＆濡れ感を出す	2 ワックス＆オイルを 毛先になじませる	1 ストレートアイロンで 前髪を小束に分ける
前髪上側少しを両サイドに流して軽くする。指に残ったワックス＆オイルを使って、前髪の束を指先でつまみながら額に隙間をつくる。	ワックスに少量のオイルを手のひらでよくなじませたら、まず毛先に揉み込む。表面につけるとベタッとなるので、髪の内側からなじませて。	前髪を約1cmの小束に分け、140〜160度に温度設定したストレートアイロンを根元から毛先まで通して、しっかりストレートに。

A「程よい濡れ感」N.ポリッシュオイル 150ml ¥3740（サロン専売品）／ナプラ **B**「オイルとの相性◎」トリエ エマルジョン 8 50ml ¥1760（サロン専売品）／ルベル／タカラベルモント

USE IT

CHECK!

ヘアオイルとワックスは手のひら全体でなじませる

Arrange
2

上品ポニーテール

後れ毛とリボンで洒落っ気を

タイトにまとめた上品ヘアに、ベロアのリボンで洒落感をプラス。後れ毛がパサついてると疲れて見えるので、オイルでツヤ増しして。

— **HOW TO** —

／片リボン／　　／一度結ぶ／

3 前髪をリボンに隠し後れ毛にオイルをオン

コームを使ってはみ出ている前髪を毛流れに沿ってなでつけながらリボンに隠す。少量のオイルを指先になじませたら、後れ毛をつまむ。

2 リボンを顔まわりに添わせ、ゴムに巻く

カチューシャのようにリボンを顔まわりに添わせ、ゴムに巻きつけて一度結ぶ。仕上げにリボン結びの要領で輪を1つつくって固定する。

1 耳前を少量残して低い位置でまとめる

少量のワックス＆オイルを髪になじませる。襟足の1cm上でひとつにまとめ、左右の耳前の後れ毛を少量引き出してからゴムで結ぶ。

Column
4

髪のツヤと色にこだわれば
肌の透明感はもっと上がる

髪がパサついていると、肌の透明感や清潔感が
損なわれたり、疲れて見えるのでヘアケアは大切。
また、素髪はすっぴんと一緒。なので
スタイリング剤を上手に使って、
足りないツヤを補うのもひとつの手。
さらに、髪色で肌をキレイに見せることも可能です。
おすすめのカラーは、
ピンクパープル、カーキ、シナモンベージュ。
この3つのどれが良いかは、現在の髪色次第。
髪色に黄みが出やすい人は、
ピンクパープル、赤みが出やすいならカーキ、
黒髪など、かなりダークトーンで軽さが欲しい
場合にはシナモンベージュがおすすめ。

髪タイプ別 透明感ヘアカラー

黄みが
出やすい髪
ピンク
パープル系

赤みが
出やすい髪
カーキ系

基本
ダークトーン
シナモン
ベージュ系

"TPO" MAKE-UP

シーンに
マッチする
透明感メイク

服と同じくメイクもTPOに合わせると
楽しい上に印象もアップ！
透明感はそのままに、シーンに
ハマるメイクのコツがわかります。

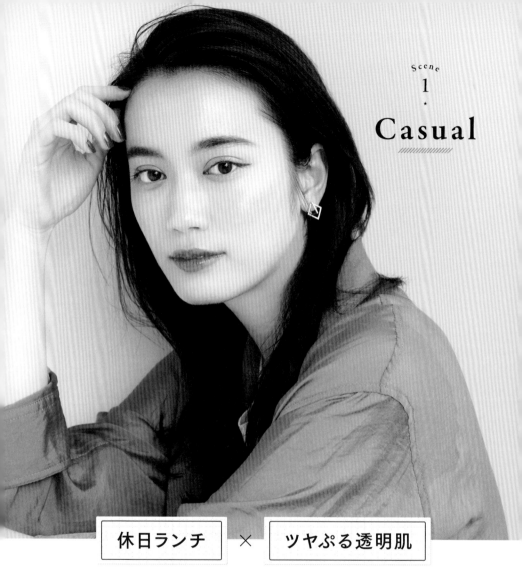

休日ランチ × ツヤぷる透明肌

　休日に、女同士でランチ。そんな日はツヤッとカジュアルに肌を仕上げて抜け感を出し、
目尻を赤みブラウンのラインでさりげなく強調。女同士だからこそのオシャレを存分に楽しんで。

A　＆ WOLFのファンデーション
B　ポール ＆ ジョーのチーク 05
C　エレガンスのアイシャドウ 07
D　エテュセのジェルアイライナー 01
E　ヒロインメイクのアイライナー 03
F　イヴ・サンローランのリップ 434
　（A、B、D、E、Fの詳細はP130／Cの詳細はP78）

Part 1
Part 2
Part 3
Part 4
Part 5
Part 6
Part 7

99

つやんと仕上げた肌と赤みラインでオシャレに

66

1 ピンクとブルーの下地で肌を整える

ベースはP50の基本ベースメイクと同じ。ピンクとブルーの下地のW使い（ピンクをやや多め）で、肌の明るさと透明感を底上げ。

HOW TO

ファンデの裏

4 シャドウで自然な陰影を掘り起こす

Cの右のベージュを上まぶた全体と涙袋にブラシで淡くふんわりとのせて、立体感を。淡い色みだからさりげなく陰影が際立つ。

3 クリームチークは指づけでじんわり

Bを中指の指先〜第二関節に取り、両手の指で"ハ"の字を描く様にほうれい線のすぐ横にオン。指を少しずつ移動させつつ、こめかみまで。

2 なめらかファンデを内→外に広げる

Aは1プッシュが半顔分。パフに取ったら内側から外側に向かって塗るというよりパフで置くようにして色を広げると、ツヤぷる仕上げに。

7 リップを塗ったらティッシュオフ

Fを輪郭通りに全体に薄〜く塗ったら、ティッシュオフ。これを2回繰り返す。ティッシュオフすることで色を定着させて落ちにくく。

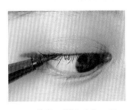

6 リキッドライナーでキワを埋める

アイラッシュカーラーでまつげを軽く上げ、マスカラを上下に塗った後、上まぶたのキワを目頭から目尻までEで埋めて、目幅を拡張。

5 赤みブラウンで長めのラインを描く

キュンと軽くハネ上げたラインを目尻にDで描く。1cm程度の長め＆やや太いラインに仕上げて目ヂカラを出しつつエッジを効かせて。

99

すべらな肌とピンクの頬で
ピュアな魅力を引き出して

66

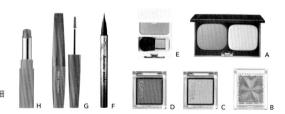

デート　✕　マシュマロ透明肌

デート時のメイクで欲しいのはピュア感。赤ちゃんみたいにすべさらなマシュマロ肌と
"ポッ"と可愛い上気感を出せるピンクチークで可憐な印象に！

A SUQQUのパウダーファンデーション
B エスプリークのアイシャドウ PU101
C、D エクセルのアイシャドウ S 03、F 01
E トーンのチーク 07
F ヒロインメイクのアイライナー 02
G デジャヴュのアイブロウマスカラ ブラウン
H エテュセのリップ 02
　（A、C、D、G、Hの詳細はP130／B、Fの詳細
はP78、79／Eの詳細はP84)

ファンデの量

1

スポンジをすべらせ
ファンデをオン

下地はP50と一緒。スポンジ上部に指2本分、**A**を取る（3回なでて半顔分）。薄膜仕上げになるように、頬と額は内側から外側に、フェイスラインは左から右へ、鼻筋は上から下へスポンジを軽くすべらせながら広げる。目尻や小鼻の細かい部分はスポンジを二つ折りにした角で優しく叩き込んで。

HOW TO

4

明るいピンクを
上まぶたにふわり

Cを上まぶたの中央に指でのせたら、左右にワイパーのように広げて眼球の丸みを強調する。涙袋にはブラシでふわっとぼかして。

3

甘い影色を仕込んで
自然に目ヂカラUP

Bを上まぶた全体にのせてくすみをオフ。涙袋の目尻から黒目までの範囲に**D**をチップでオン。ピンクの甘い影色で立体感を引き出す。

2

アイブロウマスカラで
眉の毛流れを整える

P75の描き方で眉の形を整えたら、眉尻から眉頭まで**G**のブラシで逆毛を立てるように動かして色づけ。その後、毛流れに沿って整える。

7

真ん中強めリップで
ぷっくり可愛い唇に

Hを輪郭通りに直塗りし、さらに上下の唇の中央に重ね塗り。ツヤと色の効果で唇がぷっくり。乾燥気味のときは事前にリップクリームを。

6

ジグザグチークで
ほんのり血色感

Eを下まぶたのキワの少し下から口角のやや上まで、ブラシをジグザグ動かしながらオン。広い範囲に淡くのせることで、ピュア感ある血色に。

5

甘え上手な視線になる
長め＆下げ気味ライン

上まつげの隙間を**F**で埋めて目のフォルムをさりげなく強調。目尻は少し長め＆下げ気味に1cm延長し、甘え上手なマナザシを演出。

陶器みたいな上質なツヤと
キリッと眉で凛とした雰囲気に

お仕事　×　隙なし透明肌

お仕事モードに欠かせない要素は端正なオーラが漂う肌とキリッと意思的に仕上げた眉。
カラーアイテムも落ち着いた色みでまとめて、知的な表情に。

A　Amplitudeのファンデーション
B　コスメデコルテのアイブロウマスカラ 301
C　キャンメイクのアイライナー 03
D&E　ベイビーミーのアイシャドウ マルベリ
ーパープル、ボルドーブラウン
F　THREEのリップ 12
（Aの詳細はP68／B〜Fの詳細はP131）

HOW TO

2 アイブロウマスカラで 毛流れを整える

眉は知的さや清潔感のポイント！
眉をP75の基本通りに整えたら、
Bで眉頭は上向き、その他の部分
は毛流れに沿って色づけていく。

1 セミツヤファンデを 顔の中心にオン

下地はP50と一緒。**A**を顔の中心
にごくごく薄くのせたら、スポン
ジで優しく叩いてなじませる。そ
の残りをフェイスラインにオン。

5 上まぶたのみ インラインを引く

知的な印象を演出するため、**C**で
上まぶたのキワにインラインを引
く。引きにくい場合は、まぶたを
指で軽く持ち上げると引きやすい。

4 赤みブラウンで上下の まぶたを引き締める

Eをブラシで上下のまぶたのキワ
に2mm幅のライン状にオン。目尻
は少し長めに延長。赤みの効いた
ブラウンで、さりげなくデカ目に。

3 くすみパープルで 立体感と透明感を

二重幅よりやや広い範囲に、**D**を
指で目頭から目尻までぼかす。く
すんだパープルを使うと、目元の
立体感と透明感が自然に際立つ。

リモートメイクは白めの肌＆血色で美人印象UP

まとめ髪で
スッキリ

赤みの眉、
目元、チーク、
リップで血色感

コンシーラー、
パウダーもして
肌をカバー

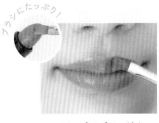

ブラシにたっぷり！

6 リップはブラシ塗りで 上品に仕上げて

Fをリップブラシにたっぷりと取
り、輪郭通りに塗り広げる。口角
や唇の山部分を丁寧に縁取ること
で、上品な雰囲気の口元が完成。

画面上だと肌は暗く見えるので、いつもよりワントーン明るめの
ファンデを選ぶか、コンシーラーやパウダーで白めの肌を作るの
が正解。また、シャドウやチーク、リップには赤み系を。アイブ
ロウマスカラも赤みブラウンを選ぶと顔色が明るく見えます。

フォーマル × すりガラス透明肌

きちんと感は肌から！ カバー力が高くセミマット仕上げのファンデの力を借りつつ、
ベージュトーンでまとめてさりげなく女らしさをアピール。

A クレ・ド・ポー ボーテのファンデーション
B コスメデコルテのチーク 202
C エスプリークのアイシャドウ PU101
D エレガンスのアイシャドウ 07
E エレガンスのハイライト＆シェーディング
F SUQQUのリップ 07
　（A、B、E、Fの詳細はP131／C、Dの詳細はP78）

きちんと感ある肌と
ベージュメイクで
上品な女らしさを

99

66

HOW TO

1 リキッドファンデを ブラシでのせる

下地はP50のブルーのみを使用。全体に薄くのせたら、Aを顔の内側から外側に向かって（額は放射状に）ブラシで薄膜に塗り広げる。

4 ベージュシャドウで 陰影を深める

Cを上まぶた全体にのせた後、Dのブラウンを目幅通りに二重幅より狭くオン。さらにDのベージュをブラシで二重幅より少し広めにオン。

3 シアーなチークを 低め＆横長にオン

フォーマルシーンではチークはラメよりシアーなタイプを選んで上品に。Bを小鼻横から耳たぶの手前までの低めの位置で横長にふわり。

2 水スポンジで ファンデを密着

スポンジに水を含ませたらキュッと絞り、軽く叩きながらファンデを密着させる。美しい薄膜に仕上がるだけでなくくずれにくさもアップ。

7 影色を仕込んで 立体感を強調！

生え際（耳寄り上の部分）とフェイスライン、目頭横のくぼみ部分、鼻先のそれぞれにEの右側で影色を仕込む。

6 リキッドリップを ブラシで広げる

Fを付属のチップで唇の内側メインにチョンチョンと置き、丸筆を使って色を全体に広げる。唇の外側を淡くすることで自然な印象に。

5 下まぶたにもベージュ シャドウをオン

Dのベージュを涙袋全体にチップでのせる。ブラウンを細めのブラシに取り、上下の目尻にライン状にオン。終着点を少し延長して女っぽい目元に。

*Casual

A「ヘルシーなツヤ肌をつくれる」& WOLF セラムリキッドファンデーション 全3色 ¥4180／シロク **B**「自然な
ツヤ感も出せるジェル」ジェル ブラッシュ 05 ¥3300／ポール & ジョー ボーテ **C**「スルスル描けて、色ものり
やすい」アイエディション（ジェルライナー）01 ¥1320／エテュセ **D**「落ちにくく描きやすい優れもの」ヒロ
インメイク プライムリキッドアイライナー リッチキープ 03 ¥1320／KISSME(伊勢半) **E**「膜を張ったようにう
るおう」ルージュ ピュールクチュール ヴェルニ ヴィニルクリーム 434 ¥4730／イヴ・サンローラン・ボーテ

*Date

F「粒子が細かくてスルスルと軽い質感で肌にのせられる」グロウ パウダー ファンデーション 全9色 ¥7700（セ
ット価格）／SUQQU **G**、**H**「しっとり質感と、程よいラメ感が魅力」エクセル アイプランナー S 03、同 F 01 各
¥990／常盤薬品工業 **I**「小さめブラシで色がしっかり絡んで柔らか眉毛に」デジャヴュ アイブロウカラー ナチ
ュラルブラウン ¥880／イミュ **J**「なめらかなバームタイプで塗りやすく、ティントだから発色が長続き」リッ
プエディション（ティントルージュ）02 ¥1650／エテュセ

Work

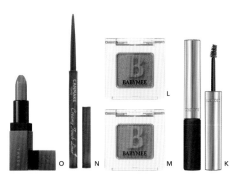

Scene
3

K「立体感がありツヤっぽい眉毛に仕上がる」ブロウ スタイリングクリーム 301 ¥3300／コスメデコルテ　**L**、**M**「自然な陰影でホリ深に見せてくれる絶妙おしゃれカラー」ベイビーミー ニュアンスカラー シャドウ マルベリーパープル、同 ボルドーブラウン 各¥968／Nuzzle　**N**「軽いタッチで描けるからまつげの間を埋めやすい」キャンメイク クリーミータッチライナー 03 ¥715／井田ラボラトリーズ　**O**「どんな肌色にも合う万能ピンクベージュリップ」デアリングリィデミュアリップスティック 12 ¥4290／THREE

Formal

Scene
4

P「カバー力があり薄づけしてもコンシーラーいらずの肌に」タンフリュイドエクラ マット SPF20・PA+++ 全8色 35ml ¥14300／クレ・ド・ポー ボーテ　**Q**「自然な陰影に仕上がり立体感が出せる」コントゥアリング フェイス 001 ¥6050（セット価格）／エレガンス コスメティックス　**R**「血色感も出て柔らかい印象に仕上がる。ベージュチーク初心者にもおすすめ」パウダーブラッシュ 202 ¥5500／コスメデコルテ　**S**「程よいツヤのウォームブラウンで上品に」コンフォート リップ フルイド フォグ 07 ¥5500／SUQQU

Part

7

Q & A

スキンケア＆
メイクの悩みを
Georgeが解決！

皆様から寄せられた質問に
Georgeがお答えします！
"あるある"なスキンケア＆メイクの
悩みの他、Gerogeの愛用品など
幅広く取り上げていきます。

Q&A

● George

いつもSNSライブで
やっているように
皆さんのギモン、悩みに
お答えしていきます!
はじめるよー!

● 質問に答える

Q.1 HK_ANさん

眉毛をうまく描くのが苦手なので、**眉毛の描き方のポイント**が知りたいです。

A 毛量や元々の形によって描き分けましょう。

毛量の多い太眉	上がり気味の細眉	まばらな短め眉
＼ パウダーで柔らかく ／	＼ 明るい色で形を整える ／	＼ 毛がない部分はペンシルで ／
アイブロウマスカラで毛流れを整えつつ柔らかさを出し、足りない部分のみ最後にパウダーをのせる。	明るめのパウダーで少し太めに下書きをして、毛のない部分にリキッドで1本1本毛を描き足して。	まずは自眉をアイブロウマスカラで着色。毛のない部分にペンシルで毛を描き足し、眉の中の色ムラを防止。

Q.2 chihoさん

夕方になると顔色がどんよりして、朝より5歳くらい老けて見えます……。
お疲れ顔が生き返るお直し方法を教えて欲しい!

A 血流促進で顔色をアップし、しっかり保湿でシワっぽさを解消して。

USE IT
˅

B

C　A

A モイストシャインミスト
120ml ¥7480／レカルカ
B rms beautyのハイライター、**C** ジュリークのローズバーム／共に私物

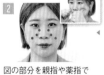

3
指の腹で耳まわりを
後ろ回しにマッサージ

2
図の部分を親指や薬指で
じっくり押す

1
ティッシュで
軽く皮脂をオフ

6
ハイライトを目元に
のせてくすみを飛ばす

5
乾燥する目元やほうれい
線をバームで保湿

4
ミスト化粧水で保湿する

Q.3 michiko*さん

アイシャドウの入れ方がいつも同じに
なってしまいます。**1つのパレットでいろんな使い方**が
できるようになりたいです。

キャンメイクのオレンジ
レッド系アイシャドウパ
レット／私物

A 発色の強さや使う色の数を変えれば、印象がガラリと変えられますよ。

① ふんわりオレンジ

ブラシを使ってふんわりとした発色
に。シャイニーな**A**をベースにして、
上から**B**を重ねると柔らかな発色に。

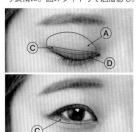

② ほんのりレッド

Bは使わず、**C**の赤みだけをほんの
り上下のまぶたに効かせればまた違
う表情に。囲みシャドウで洒落感も。

③ しっかり発色

色を強めに発色させたいならチップ
が正解。**B**のオレンジも**C**の赤みも
しっかり効かせつつ目ヂカラUPも。

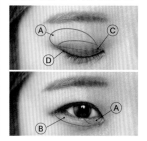

Q.4 まちこさん

小顔に見えるチークの入れ方を教えてください！

丸顔さん	面長さん	エラハリさん

\ 外→内方向へ斜めにオン /

耳横から斜め下に向かってぼかす。
あまり角度をつけすぎると丸顔さん
の可愛らしさが半減するので注意！

\ 横長チークで縦幅を短く！ /

"頬の高い位置に横長"が面長さん
のチークのポイント。顔の縦の長さ
が目立たなくなり、小顔に見える。

\ エラのちょい上で小顔に /

チークの位置が上すぎても下すぎ
てもエラが目立つので位置が大事。エ
ラのちょい上に丸く、ふんわりと。

134

● George

どんどん答えていきますよ！

Q.5　あやらいむさん

乾燥がひどく、肌の皮がむけてしまっています。
こんなときのベースメイクはどうすれば？

Ａ　乾燥がひどいときって、肌がファンデの油分や水分を吸い込んでしまいがち。ファンデにオイルを少量混ぜて、乾燥からのガード力を高めて！

ファンデ3 ： オイル1

Q.6　すーぷさん

いつも“しっかりメイク”ばかりのせいか、Tシャツなど
カジュアルな服装のときにメイクが浮いてしまいます。

Ａ　肌を薄くツヤっぽく仕上げたら、シャドウもグラデにはせずベージュなど単色で仕上げ、アイラインとマスカラをブラウンブラックで顔の中の線を強調させて。リップはシアーな赤み系にすることでカジュアルな服に似合う顔に。

Q.7　おかっぱりえっちさん

マスクをしていると、してないときより**目の下の
たるみとクマが目立ちます。**対処法を知りたい！

Ａ　マスクをしていると、下まつげとマスクの影のせいで、よりクマやたるみが目立つもの。下まぶたにオレンジ系や赤み系のシャドウをふんわりぼかし、マスクと肌の境目にはピンクやベージュ系のハイライトをうっすらぼかして影を飛ばしましょう。マスクをピンクなど明るい暖色系にするのも◎。

一部をチラ見せ！

カテゴリー別に収納

透明だと見やすくて便利

Q.8　まーちゃんママさん

室内だときちんとメイクをしているように見えても、
屋外で写真を撮るとなんだか顔がのっぺり……。
これってどうして？

Ａ　のっぺり見える原因は、ファンデの塗りすぎかも。暗い室内でメイクをすると厚塗りになりやすいし、逆にカラーメイクは薄くなりやすくメリハリ不足に。メイクは明るい場所でするか、完成後に自然光でチェックを。

Q.9　めみりんさん

プロのメイクさんがリアルに使っている
メイク用品の収納が見てみたい！

Ａ　デイリー使いのコスメはセリアと無印のクリアケース、韓国コスメはAmazonで購入したクリアケースに。インスタライブで使うコスメやスキンケア、ボディケアアイテムはイケアのワゴンにまとめて収納しています。

収納力大なワゴンも使いやすい

Q.10 hanaさん

大人にも似合うラメの使い方が知りたいです。

A 目元全体をキラキラさせると下品に見えることがあるので、黒目の上下にハイライト的に置くなど、ポイント使いが正解。ラメの色はお好みでOKだけど、粒が小さめのものやシアーな発色などを選ぶと、品良く仕上がりますよ。

Q.11 サットンちゃんさん

自分には**どんなメイクが似合うのか、何のコスメを使えばいいのか**わからず、メイク迷子中……。

A まずは使いたいコスメを1つトライしてみましょう。例えばいつもピンクのリップばかりならブラウンレッドに変えてみるとか。その上で、変えたものが似合うように微調整をしていくと、バランスを取るのが上手になりますよ。

Q.12 みのゆきくにさん

肝斑などの色ムラはどうやってカバーすればよいですか？

A いきなり肝斑にファンデを重ねるとグレーになってしまうので、まずイエロー系のコンシーラーを塗ってからファンデを塗り、それでも目立つようならオレンジ系のコンシーラーを重ねて。硬めのテクスチャーがヨレにくくおすすめです。

Q.13 kinakoさん

たっぷり保湿しているのに、**ファンデがどうしても毛穴落ちしてしまいます。**

A クリームなど油分をのせすぎると、逆に毛穴が目立つ場合があります。なのでスキンケアの仕上げにティッシュオフして表面の余分な油をオフしてから、毛穴用の下地を毛穴が目立つ部分にオン。ピンポイントで毛穴をフラットに！

Q.14 かなみみさん

プレゼントにおすすめな万人受けコスメが知りたい！

A 1万円以上なら、自分ではなかなか手が出せないけどあると嬉しいラグジュアリーなスキンケアを。5千円以下なら、人気ブランドのネーム入りリップが◎。3千円以下ならちょっとおしゃれなハンドケアアイテムを。

A.14 ＼ おすすめ ／

【￥10000以上】

AQ ミリオリティ リペア クレンジングクリーム n 150g
￥11000／コスメデコルテ

「クレンジングながら1万円越え！ ルックスもラグジュアリーで気分が上がります。メイクをしっかりオフできるだけでなく、洗い上がりの肌がプリプリになる名品。」

【￥5000以下】

ディオール アディクト ステラーシャイン 260 ￥4400／パルファン・クリスチャン・ディオール

「唇を魅力的に彩るカラーが揃う人気リップには、無料の刻印サービスがあり。万人受けなら、肌なじみのいいヌーディカラーがイチオシ！」

【￥3000以下】

ハンドクリアミスト アミュレット 50ml ￥1430／uka

「サトウキビ由来のエタノールを88vol%配合。保湿成分入りで、ハンドケアにも最適。スタイリッシュなシンプルパッケージも喜ばれます。」

Q.15 みおみおさん

年齢を重ねるにつれ、以前のメイクが似合わなくなってきました。**自分の年齢に合わせつつ、素敵に見せるには、メイクをどんな風に変えればいい**のでしょうか。

Ⓐ 年齢による容姿の変化だけでなく、洋服やメイクのトレンドも変わっていくため、昔のままのメイクがしっくりこないのは当然。それを打開するためには、ファンデやシャドウなどを最新のものに変えてみるのが近道。同じような色だったとしても、最新アイテムは発色や質感が今っぽく進化してるので、それを取り入れるだけでかなり雰囲気は変わるはず!

A スクラビング マッド ウォッシュ 130g ¥2750／カネボウインターナショナルDiv. **B** ブラックヘッド ゼロ 2ステップ ノーズ パッチ 4セット入り ¥1600／ドクターエルシア

Q.16 sakuraさん

マスク生活を続けているうちに**毛穴の詰まりが気になるように。**毛穴レスな肌になるにはどうすれば?

Ⓐ ザラつきや白い角栓が気になる場合は、酵素洗顔がおすすめ。また、黒っぽい毛穴詰まりは、優しく詰まり溶かしてオフできるパックを投入して。

「ほうれい線や小ジワが気になる人におすすめ」コラーゲンプロフェッショナルプログラム ¥17600／LAVIEN JAPAN

Q.17 なおこさん

ほうれい線がくっきり目立つのが悩み。簡単にできる対処法が知りたいです。

Ⓐ 顔型などにもよるので一概には言えませんが、大抵の場合、口まわりの筋肉が衰えるとほうれい線は深くなりがち。口角をクイッと上げる、舌を動かすなどを気づいたときに行なって、口まわりの筋肉のトレーニングを。リフトアップ成分配合の美容液や美顔器も併用してみて。

「石鹸オフできるし、肌が荒れにくい」ママバター ホワイトベースUV SPF50・PA+++ 30g ¥1980／ビーバイ・イー

Q.18 夢乃さん

肌が弱く日焼け止めの刺激が心配です。**お肌が荒れにくい日焼け止め**を教えて!

Ⓐ 私自身、肌が弱く紫外線吸収剤入りの日焼け止めを使うとお肌が荒れてしまうことがあるので、低刺激な日焼け止めは必需品。なので紫外線散乱剤を使用した、石鹸オフができるタイプを使うようにしています。

アクアレーベル スペシャルジェルクリームN(モイスト) 90g ¥1980(編集部調べ)／資生堂

Q.19 きょろすけさん

子育て中のため、**スキンケアにかける時間がなかなか取れません。**簡単に、でもちゃんとお肌を労れる方法は?

Ⓐ 時間がないときにおすすめなのがオールインワンコスメ。化粧水、美容液、乳液など、1つで何役もこなしてくれる心強い味方です。しっかり保湿できるように量はたっぷり! プチプラでも優秀な製品がたくさんありますよ。

Q.20 Araraさん

Georgeさんが肌荒れで困ったときの
復活方法を教えてください。

A プチッとニキビなどが出てしまったときには、低刺激なミルククレンジングで肌を柔らかくしつつメイクをオフして、洗顔とピーリングで毛穴詰まりとザラつきを解消。さらに乳酸入りのローションでターンオーバーを促進。スキンケアの受け入れ態勢を整えるケアに切り替えます。

Q.21 marinさん

私の肌は、乾燥ゾーンとニキビができる脂っぽいゾーン
がある混合肌です。この場合どっちに合わせた
お手入れをすれば良いのでしょう?

A どちらかに合わせるのではなく、ゾーンによって使うコスメの量を変えましょう。乾燥する部分はたっぷり、脂っぽい部分は少量で。実は乾燥でニキビができている場合もあるので、一度全体をしっかり保湿してみるのも◎。

Q.22 kuromayoさん

メイクしたまま寝落ちした後は
どんなケアで肌を復活させるべき?

A メイクを落とさず寝てしまった後は肌が乾燥しているので、クレンジングはクリームやミルクなど保湿力の高いもので。時間に余裕があるなら、スチーマーを使って毛穴を開かせてからオフして、その後湯船に浸って!

Q.23 祐美子さん

季節の変わり目になると肌が揺らぎます。
そんなときにおすすめなスキンケアは?

A クレンジングをミルクに変え、低刺激な化粧水を4～5回入れ込み、丁寧な保湿を。揺らいでいるときにコットンを使うと刺激になるので避けるのがベター。ビタミンCなど攻め系の美容液やクリームは、使用を控えましょう。

Q.24 ルナさん

唇がガサガサに荒れやすいのが悩み……。
唇のケア方法が知りたいです。

A スクラブで表面のガサガサをなめらかに整え、寝ている間のナイトリップで集中保湿。外出時にマスクの下にたっぷり塗るのもオススメです。

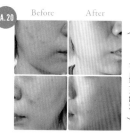

A.20 Before　After

1ヶ月で肌荒れ解消

これを使いました!

（左から使用順）LAVIENのクレンジングミルク、SERENDI BEAUTYのクレンザー、ザセムのピーリング、レカルカの化粧水／すべて私物

A.22 ＼ おすすめ ／

P136で紹介したコスメデコルテのクレンジング

A.24 ＼ おすすめ ／

C　B　A

A キス シュガー スクラブ 111 ¥814／レブロン
B シー・オー・ビゲロウのナイトバーム、**C** タカミリップ／共に私物

Q.25 玲奈さん

冷え性のせいか顔がすぐくすんでしまいます。
顔色の悪さはどうすれば解消できますか？

Ⓐ くすみの原因の多くは、血行不良。なので解消には温活が効果的です。私がよく行うのは、かかとの温めケア。専用アイテムでかかとを温めると、生理前後の不調も改善されるし、顔色もパッと明るくなりますよ。

A.25

ピュビケアのかかと
ソックス／私物

Q.26 まっきーさん

職業柄、**手や指のケア**に気を使っていると思うのですが、
どんなケアをされていますか？

Ⓐ カサカサしてるとモデルさんの肌を傷めかねないので、手や指の保湿ケアは万全に。夜は寝る前に高保湿ハンドクリームをたっぷり、仕事終わりにはプロ用のハンドクリームを、爪＆爪まわりはオイルでこまめにケアしています。

Q.27 kanakana_beautyさん

Georgeさんがお出かけするときの**ポーチの中身**が知りたい！

出張用　　Ⓐ ビニールバックは機内持ち込みもOK。

（右から）「充血対策に」ロートの目薬、「髪や全身に使えて万能」トリロジーのバーム、「ノンアルコール＆オーガニックで敏感肌にも◎」everyoneの消毒ミスト、「ジャスミンの香りとコンパクトなサイズ感もお気に入り」ジルスチュアートのハンドクリーム、「乾燥したらシュッ！」ハクスリーのオイルミスト、「疲れたときに」おいせさんの塩スプレー、「顔も体もこれ1本」SUQQUのUV、「とにかくうるおう」タカミリップ、「マスクにもつけたりします」デ マミエールのアロマオイル、「低刺激＆W洗顔不要」パラドゥのクレンジング、「日中、目尻や手指の保湿に活躍」トーンのスティック美容液

（右から）「ニキビやシミ隠しのほか、ちょっとしたメイク直しにも」＆beのファンシーラー、「淡いピンクとパープルで、くすみが一気に晴れます。フェイスパウダー感覚で使える」コフレドールのスマイルアップチークス 06、「超微粒子で粉っぽくなりません」キャンメイクのパウダー、「ミントの香りでマスクの日も快適」アネリアナチュラルのリップセラム、「落ちないし、乾かないし優秀！」フジコのリップティント、「テカる部分にのせると瞬時にサラサラ」フジコのあぶらとりモバイル、「さりげない目ヂカラが叶うアイライナー＆マスカラ」ヒロインメイクのアイライナー、ディー アップのマスカラ、「食べすぎたとき用（笑）」太田胃散の胃薬、「雑誌の付録が小さくて便利！」ハンドクリーム、「気分を変えたいときに」ジョー マローンのサンプル香水、「疲れたときに飲む」タカミサプリ、「頭痛＆生理痛用に常備」ロキソニン

お出かけ用　　Ⓐ 手のひらサイズのポーチはWジップで実は大容量。

＼ ありがとう
ございました♡ ／

・ おわりに ・

最後まで読んでいただき、本当にありがとうございます!

普段から雑誌やSNSの企画で、メイクやお肌にまつわる
お悩みに触れる機会が多く、それを少しでも解消できたら……
という思いでこの本の制作にあたりました。

もちろん、1冊ではすべてのお悩みを
解消することはできないけれど
少しでも毎日のスキンケアや
メイクのヒントになれたらと思っています。
取り入れてもらえればきっと、褒められメイクになるはず!!

スキンケアもメイクも、義務ではありません。
気分を上げたり、ウキウキしたり、人生を豊かにしてくれるもの。

たくさんのテクニックを紹介しましたが
この本を読んでくださった皆さんに、スキンケアやメイクを
「楽しい!」と思っていただき、
そして笑顔になっていただくことが私の一番の願いです。

スキンケアもメイクも
何でも楽しむことが大事!!
透明感は無敵である!!

George ☺

ヘアメイクアップアーティスト

George（ジョージ）

雑誌や広告、写真集など、幅広い分野で活躍中。最新のメイクトレンドを盛り込みつつ、女性の美を最大限に引き出すテクニックとセンスに、女優やモデル、アーティストからのオファーが絶えない。特に美しい肌メイクの"肌づくり"に定評があり、美容雑誌や女性ファッション誌のメイク特集を多く担当。

愛猫・エンと一緒に

COSMETICS

カバーマーク カスタマーセンター	0120-117133	ドクターエルシア	official@doctoralthea.co.kr
カラーズ	050-2018-2557	トム フォード ビューティ	0570-003-770
CandyDoll カスタマーセンター	info@candydoll.jp	トーン	03-5774-5565
クリニーク お客様相談室	0570-003-770	NARS JAPAN	0120-356-686
Clue	03-5643-3551	Nuzzle	0120-916-852
クレ・ド・ポー ボーテ	0120-86-1982	ナプラ	0120-189-720
ケサランパサラン カスタマーセンター	0120-187178	ネイチャーラボ	0120-155-335
ゲランお客様窓口	0120-140-677	パラドゥ カスタマーセンター	0120-335413
KOKOBUY	03-6696-3547	パルファム ジバンシイ [LVMHフレグランスブランズ]	03-3264-3941
コスメデコルテ	0120-763-325		
コーセー	0120-526-311	パルファン・クリスチャン・ディオール	03-3239-0618
コーセープロビジョン	0120-018-755	ピー・エス・インターナショナル	03-5484-3481
ザセム公式オンラインショップ	03-6420-0256	ビーバイ・イー	0120-666-877
資生堂お客さま窓口	0120-81-4710	プレミアアンチエイジング	0120-557-020
シュウ ウエムラ	0120-694-666	ヘレナ ルビンスタイン	0120-469-222
ジュリーク・ジャパン	0120-400-814	ポール & ジョー ボーテ	0120-766-996
ジョルジオ アルマーニ ビューティ	0120-292-999	マキアージュお客さま窓口	0120-456-226
ジルスチュアート ビューティ	0120-878-652	魔女工場 https://www.rakuten.co.jp/manyo-official/	
シロク	0120-150-508	ミルボンお客様窓口	0120-658-894
SUQQU	0120-988-761	ヤーマン	0120-776-282
SNIDEL BEAUTY	03-3261-9968	ラ ロッシュ ポゼお客様相談室	03-6911-8572
THREE	0120-898-003	ランコムお客様相談室	0120-483-666
セキド	http://www.sekido.com/contact	リンメル	0120-878-653
セルヴォーク	03-3261-2892	ルベル / タカラベルモント	0120-00-2831
SERENDI BEAUTY JAPAN	03-5117-3737	レカルカ	03-6432-4351
タカミお客さま相談室	0120-291-714	レブロン	0120-803-117
ディー・アップ	03-3479-8031	ロージーローザ	0120-25-3001
東洋炭酸研究所	052-701-1180	ROSE LABO	0120-62-1201
常盤薬品工業 お客さま相談室（サナ）	0120-081-937	ローラ メルシエ ジャパン	0120-343-432
		LAVIEN JAPAN	03-6280-5766

CLOTHES

イズントシー	http://www.isnt-she.com/
インデックス	03-6851-4604
エテ	0120-10-6616
オペーク ドット クリップ	03-6851-4604
ゴールディ	0120-390-705
サージュブティック	03-6271-4866
ジルキー	03-3476-7006
ソムニウム	03-3614-1102
フォーティーン ショールーム	03-5772-1304
ブライズミー	03-6804-6306
ミューズ リファインド クローズ	0120-298-707
ランダ	06-6451-1248

ISOI JAPAN	03-5542-3332
アウェイク	0120-586-682
アヴェダ お客様相談室	0570-003-770
アクセーヌ	0120-120783
アディクション ビューティ	0120-586-683
アムリターラ	0120-980-092
アリエルトレーディング	0120-201-790
RMK Division	0120-988-271
Amplitude	0120-781-811
イヴ・サンローラン・ボーテ	0120-526-333
石澤研究所	0120-49-1430
伊勢半	03-3262-3123
井田ラボラトリーズ	0120-44-1184
イプサお客さま窓口	0120-523543
イミュ	0120-371367
エール	03-6435-0113
uka Tokyo head office	03-5843-0429
エスティ ローダー	0570-003-770
エテュセ	0120-074316
エトヴォス	0120-0477-80
MIMC	03-6455-5165
エレガンス コスメティックス お客様相談室	0120-766-995
オズ・インターナショナル	mason@ozinter.co.jp
貝印 お客様相談室	0120-016-410
花王 消費者相談室	0120-165-692
かならぼ	0120-91-3836
カネボウインターナショナルDiv.	0120-518-520
カネボウ化粧品(トワニー)	0120-108281
カネボウ化粧品	0120-518-520

モデル着用

[Cover,P4,P5,P46,P73,P87] ワンピース／サージュブティック
　　　　　イヤリング(2セット入り)／ゴールディ
[P2,90] ピアス／アナブノエ(フォーティーン ショールーム)
[P3上] シャツ／イズントシー
　　　　　ピアス／リリーズ(フォーティーン ショールーム)
[P3下,P88] シャツ／イズントシー　ピアス／エテ
[P4,P124] ワンピース／イズントシー
　　　　　イヤリング／アナブノエ(フォーティーン ショールーム)
[P7,P128] レースレイヤードワンピース／ランダ　イヤリング／ソムニウム
[P68] ブラウス／イズントシー
[P69] タックブラウス／オペーク ドット クリップ
[P70] リブニット／ミューズ リファインド クローズ
[P92] ブラウス／ジルキー
　　　　　イヤリング／アナブノエ(フォーティーン ショールーム)
[P94] シャツ／ランダ　イヤリング(2セット入り)／ゴールディ
[P112,P113,P118] サロペット／ランダ　リブTシャツ／オクト(フォーティー
　　　　　ン ショールーム)イヤリング(2セット入り)／ゴールディ
[P119] ピアス／アナブノエ(フォーティーン ショールーム)
[P122] シアージャケット／ジルキー　ピアス／エテ
[P126] ジャケット／ブライズミー　ブラウス／インデックス
　　　　　ピアス／アナブノエ(フォーティーン ショールーム)

※記載がないアイテムはすべてスタイリスト、著者私物

STAFF

撮影	天日恵美子（人物）
	竹下アキコ（静物、Part7）
スタイリング	村田愛美
モデル	甲斐まりか、上西星来
イラスト	ニシイズミユカ
デザイン	mambo西岡（ma-h gra）
DTP	柏倉真理子
文	中川知春
編集	田中淑美
編集長	和田奈保子

☑ **本書のご感想をぜひお寄せください。**

https://book.impress.co.jp/books/1120101092

URLもしくは二次元コードから「アンケートに答える」をクリックしてアンケートにぜひご協力ください。アンケート回答者の中から、抽選で図書カード（1,000円分）などを毎月プレゼント。当選者の発表は賞品の発送をもって代えさせていただきます。はじめての方は「CLUB Impress」へご登録（無料）いただく必要があります。
※プレゼントの商品は変更になる可能性があります。

☑ **商品に関する問い合わせ先**

このたびは弊社商品をご購入いただきありがとうございます。本書の内容などに関するお問い合わせは、下記のURLまたはQRコードにある問い合わせフォームからお送りください。

https://book.impress.co.jp/info/

■ 上記フォームがご利用頂けない場合のメールでの問い合わせ先
info@impress.co.jp

※お問い合わせの際は、書名、ISBN、お名前、お電話番号、メールアドレス に加えて、「該当するページ」と「具体的なご質問内容」「お使いの動作環境」を必ずご明記ください。なお、本書の範囲を超えるご質問にはお答えできないのでご了承ください。

- 電話やFAXでのご質問には対応しておりません。また、封書でのお問い合わせは回答までに日数をいただく場合があります。あらかじめご了承ください。
- インプレスブックスの本書情報ページ https://book.impress.co.jp/books/1120101092 では、本書のサポート情報や正誤表・訂正情報などを提供しています。あわせてご確認ください。
- 本書の奥付に記載されている初版発行日から3年が経過した場合、もしくは本書で紹介している製品やサービスについて提供会社によるサポートが終了した場合はご質問にお答えできない場合があります。
- 本書の記載は2021年5月時点での情報を元にしています。そのためお客様がご利用される際には情報が変更されている場合があります。あらかじめご了承ください。

☑ **落丁・乱丁本などの問い合わせ先**

TEL 03-6837-5016／FAX 03-6837-5023
service@impress.co.jp
（受付時間／10:00〜12:00、13:00〜17:30 土日、祝祭日を除く）
※古書店で購入されたものについてはお取り替えできません。

☑ **書店／販売会社からのご注文窓口**

株式会社インプレス 受注センター
TEL 048-449-8040／FAX 048-449-8041
株式会社インプレス 出版営業部
TEL 03-6837-4635

ナチュラルなのに肌がキレイに見える
Georgeの透けツヤ肌メイク

2021年6月11日 初版第1刷発行

著者	George
発行人	小川亨
編集人	高橋隆志
発行所	株式会社インプレス
	〒101-0051　東京都千代田区神田神保町一丁目105番地
	ホームページ　https://book.impress.co.jp/

印刷所　図書印刷株式会社
ISBN 978-4-295-01142-2　C2077
Printed in Japan